Segredos e Mistérios da Arca Perdida

Uma Aventura Bíblica

James R. Hoffer

Direitos mundiais reservados. Este livro ou qualquer parte do mesmo não pode ser copiado nem reproduzido em qualquer forma ou maneira que seja, salvo disposto pela lei, sem a permissão por escrito do autor, exceto por um revisor que pode citar passagens breves em um resumo.

O autor assume a inteira responsabilidade pela certeza de todos os fatos e citações que aparecem neste livro. As opiniões expressas neste livro são opiniões e interpretações pessoais do autor, e não refletem necessariamente as do editor.

Este livro não tem por objetivo ou proposito de dar aconselhamento espiritual, médico, ou de qualquer outro tipo. Se alguém necessita aconselhamento especifico, deve procurar a ajuda de um profissional competente.

Copyright © 2018 James R. Hoffer
Copyright © 2018 TEACH Services, Inc.
ISBN-13: 978-1-4796-0987-1 (Paperback)
ISBN-13: 978-1-4796-0988-8 (ePub)
Library of Congress Control Number: 2018907643

Todas as citações bíblicas nesta obra, se não são indicadas de outra fonte, são da *Bíblia Sagrada*, Segunda Edição, copyright 1993, Sociedade Bíblica do Brasil.

Publicado por

Dedicação

Dedico com amor este livro a minha querida esposa, Vera—minha fiel companheira por mais de cinqüenta e quatro anos. Sobrevivente dos acampamentos de refugiados na Europa durante a Segunda Guerra Mundial, e mais recente de câncer, ela continuava sendo uma fonte de fortaleza e inspiração para todos nós. Infelizmente, ela faleceu no 14 de junho de 2016.

Reconhecimentos

Estou profundamente grato a meu antigo professor, mentor, e supervisor de trabalho durante os dias de meus estudos na faculdade, o Dr. Leslie Hardinge. Foi ele que inicialmente me inspirou sobre o que chamamos a "mensagem do santuário", durante os anos formativos da minha experiência educacional em Washington Missionary College, depois Columbia Union College, e atualmente Washington Adventist University. Escolheu-me em tenra idade para ser seu ajudante de pesquisas e compositor de páginas, enquanto ele preparava a primeira edição de *Shadows of His Sacrifice*, que ele continuaria ampliando através de sua vida, e que hoje é considerado uma das obras clássicas sobre o assunto. Até hoje, guardo com carinho a minha cópia pessoal, bem rasgada, que reflete a época do mimeógrafo, bem como outros do seus livros.

Também quero reconhecer o Dr. Edward Heppenstall, um dos meus professores no Seminário da Andrews University, quem motivou em mim um grande amor para o livro de Hebreus.

Agradeço os amigos Roberto Luiz Alexandre e Reni Menezes Flynn por suas colaborações em revisar e corrigir meu português.

E não posso me esquecer de Jesus Cristo, meu Senhor e Salvador, cujo ministério no Santuário celestial tem sido esquecido por 2.000 anos, escondido por camada sobre camada de teologia errada, e que me sustém a cada dia por Seu poder.

Conteúdo

Introdução 7

Lições do Guia de Estudos

Lição 1	A Busca da Arca Perdida	11
Lição 2	Jesus no Santuário	15
Lição 3	Jesus Profetiza a Destruição do Templo	20
Lição 4	A Aliança da Arca	24
Lição 5	O Ambiente da Arca	28
Lição 6	A Vinda Predita de Cristo ao Templo	34
Lição 7	A Purificação do Templo	40
Lição 8	O Conteúdo da Arca	45
Lição 9	Parábolas do Reino	50
Lição 10	Santidade ao Senhor	54
Lição 11	Mediação Celestial	58
Lição 12	A Arca da Segurança	62

Respostas para o Guia de Estudos

Lição 1	A Busca da Arca Perdida	71
Lição 2	Jesus no Santuário	75
Lição 3	Jesus Profetiza a Destruição do Templo	80
Lição 4	A Aliança da Arca	84
Lição 5	O Ambiente da Arca	88
Lição 6	A Vinda Predita de Cristo ao Templo	94
Lição 7	A Purificação do Templo	100
Lição 8	O Conteúdo da Arca	105
Lição 9	Parábolas do Reino	110
Lição 10	Santidade ao Senhor	114
Lição 11	Mediação Celestial	118
Lição 12	A Arca da Segurança	122

Introdução

Bem-vindo a *Segredos e Mistérios da Arca Perdida: Uma Aventura Bíblica*. Você está por embarcar em uma viagem fascinante. A minha esperança é que ao "cavar" na Palavra de Deus, seu entendimento do santuário vai ficar mais profundo e crescer como nunca dantes.

Muitos livros, estudos bíblicos, e seminários que tratam do santuário são muito detalhados e quase esotéricos. Felizmente, esta série é mais básica, chegando a ser uma plataforma para o estudo de outras e muitas vezes descuidadas verdades bíblicas, levando-lhe em uma caminhada mais íntima com seu Salvador.

O santuário era e é *drama e profecia*. Nos ministérios diários e anuais dos sacerdotes do Antigo Testamento, os importantes eventos do plano da salvação de Deus foram gráficamente demonstrados. Os livros de Daniel, Hebreus, e Apocalipse revelam como cada faceta do santuário indica acontecimentos futuros.

O santuário nos ensina sobre o caráter de Deus—seu amor, justiça, e santidade; seu plano para salvar-nos e restaurar seu planeta perdido à integridade; o verdadeiro custo do pecado; e numerosos outros conceitos importantes.

Alguém que comenta sobre a Bíblia escreveu: "Estamos vivendo nos últimos dias, quando o erro de caráter mais enganador é aceito e crido, ao passo que a verdade é rejeitada. . . . *[Deus] nos chama a trabalhar diligentemente em ajuntar as jóias da verdade, colocando-as na [moldura] do evangelho.* Em toda a sua divina beleza devem elas resplandecer nas trevas morais do mundo" (Ellen G. White, *Obreiros Evangélicos*, p. 289; a ênfase é nossa).

O estudo do santuário do Antigo Testamento tem sido em grande parte abandonado. É a nossa convicção que a mensagem do santuário é de fato o evangelho, e providencia uma moldura perfeita para a verdade divina.

Sobretudo, por favor ore pela direção de Deus através do Espírito Santo ao fazer este estudo, porque o estudo da Bíblia é muito mais do que um exercício acadêmico—é realmente uma experiência que transforma a vida. Está você pronto para começar?

James R. Hoffer

Note bem: Estas lições são apropriadas para estudo individual, classes bíblicas, pequenos grupos, e seminários públicos. O livro está dividido em duas seções, com as lições regulares na primeira parte, e as respostas na segunda.

Se quiser usar este livro para uma classe, os estudantes precisam ter seus próprios livros; fazer fotocópias não é permitido. Para sua conveniência, oferecemos descontos especiais para pedidos maiores de dez exemplares, e programas de PowerPoint gratis, em nosso website, LostArkSeminar.com.

Qualquer versão da Bíblia é aceitável para este curso. No entanto, nesta obra usamos de preferência a versão da Sociedade Bíblica do Brasil.

Lições do Guia
de Estudos

Lição 1

A Busca da Arca Perdida

A busca da arca da aliança tem sido por muito tempo uma fascinação para muita gente, e logicamente foi celebrada no filme *Raiders of the Lost Ark*. Como ficou perdida na primeira instância é o tema desta lição.

1. Quais *tres* arcas são descritas na Bíblia? (Gê 6:11-17; Êx 2:3; 25:10)

    a. _____

    b. _____

    c. _____

2. A arca que estamos estudando hoje é a terceira, freqüentemente chamada "a arca da aliança". Onde se colocava esta arca? (Êx 25:8; Hb 9:3, 4)

    _____
    _____
    _____

> A arca foi parte dos móveis do santuário, ou tabernáculo, a estrutura portável que chegou a ser o centro de adoração para os israelitas quando saíram do Egito e viajaram para a Terra Prometida após aproximadamente 400 anos de escravidão.

3. Como era a arca? (Êx 25:10-15)

   _____

   _____

4. Que foi colocado em cima da arca? (Êx 25:17-21; Hb 9:5)

   _____

   _____

5. Que havia dentro da arca? (Hb 9:4; Dt 10:2; veja também 1Rs 8:9)

   a.

   b.

   c.

   _____

6. Qual era o propósito da arca? (Êx 25:22; Nm 7:89; Jz 20:27)

   _____

   _____

7. Onde está mencionada a arca no Antigo Testamento, e que representava na história dos judeus?

   a. Nm 10:33-35 – _____

   b. Js 3:3-17; 4:5-10 – _____

   c. Js 6:1-5 – _____

   d. 1Sm 4–7 – _____

   e. 2Sm 6:1-7 – _____

   f. 1Rs 8:1-11 – _____

8. Quem destruiu o templo de Salomão, e que pode ter acontecido com a arca? (2Cr 36:15-21; Ed 5:13-15; 6:1-5, 14, 15)

   _____

   _____

> Uma comentarista escreveu o seguinte: "Entre os justos que ainda restavam em Jerusalém, a quem tinha sido tornado claro o propósito divino, alguns havia que se determinaram colocar além do alcance das mãos cruéis a sagrada arca que continha as tábuas de pedra sobre a qual haviam sido traçados os preceitos do decálogo. Isto eles fizeram. Com lamento e tristeza esconderam a arca numa caverna, onde devia ficar oculta do povo de Israel e de Judá por causa de seus pecados, não mais sendo-lhes restituída. Esta sagrada arca ainda está oculta. Jamais foi perturbada desde que foi escondida" (Ellen G. White, *Profetas e Reis*, p. 231).

Ha também uma passagem sobre isto no livro apócrifo de 2 Macabeus 2:4-8, reclamando que Jeremias escondeu a arca, o altar de incenso, e até o tabernáculo mesmo, em uma caverna no Monte Nebo. Isso nos parece difícil, porque Nebo e a vila adjacente Madaba, ficam hoje em dia em Jordânia, sobre o rio Jordão e quilómetros de Jerusalém. Naquele tempo, nem existia o tabernáculo, já que foi substituído muitos anos antes pelo templo de Salomão.

9. Uma quarta arca aparece na Bíblia em um lugar bem surpreendente. Onde fica *esta* arca? (Ap 11:19)

_____

A arca celestial será o estudo de uma lição futura. A arca terrestre provavelmente está escondida em uma cova em algum lugar em Israel. É interessante notar que o lugar do templo em Jerusalém agora está ocupado pela Cúpula da Rocha, um lugar islâmico sagrado (veja a foto).

10. Onde gostava de estar o rei Davi? (Sl 27:4; 69:9; 84:10; 122:1)

_____
_____

11. Em que arca devo enfocar agora? (Hb 8:1, 2; 9:11, 12)

_____
_____

Lição 2

Jesus no Santuário

Nenhum estudo sobre a arca estaria completo sem entender o santuário, também chamado tabernáculo ou templo. "Santuário" significa "lugar santo". Não era uma igreja ou lugar de assembleia, mas uma grande ajuda visual, com o propósito de ensinar ao povo os princípios básicos da salvação e o plano de Deus para restaurar todas as coisas.

1. Por que é importante entender a mensagem do santuário? (Sl 73:1-17)

   _____

   _____

2. Quando foi o primeiro encontro de Jesus com o templo? (Lc 2:21-40)

   _____

   _____

3. Quando foi a próxima vez que Ele foi ao templo? (Lc 2:41-52)

   _____

   _____

4. O que Ele teria pensado quando observava os sacrifícios de animais? (Jo 1:29; Ap 5:6-14)

_____

_____

> "Pela primeira vez, contemplou o menino Jesus o templo. Viu os sacerdotes de vestes brancas, realizando seu solene ministério. Viu a ensangüentada vítima sobre o altar do sacrifício. Com os adoradores, inclinou-Se em oração, enquanto ascendia perante Deus a nuvem de incenso. Testemunhou os impressivos ritos da cerimônia pascoal. Dia a dia, observava mais claramente a significação dos mesmos. Cada ato parecia estar ligado a Sua própria vida. No íntimo acordavam-se Lhe novos impulsos. Silencioso e absorto, parecia estudar a solução de um grande problema. O mistério de Sua missão desvendava-se ao Salvador" (Ellen G. White, *O Desejado de Todas as Nações*, p. 46).

5. Quando que o sistema de sacrifícios foi introduzido e com que propósito? (Gn 3:7, 21; 4:3-5; 22:1-4; Êx 12:3-14)

_____

_____

6. Freqüentemente Jesus ensinava no templo em Jerusalém durante seu ministério. Numa ocasião particular Ele usou os ritos do santuário para explicar algumas coisas sobre si mesmo. Qual a verdade que compartilhou com o povo? (Jo 7:37-39; Is 55:1)

_____

_____

Um comentário bíblico nos dá o seguinte entendimento: "A emanação da água da rocha do deserto foi celebrada pelos israelitas, depois de seu estabelecimento em Canaã, com demonstrações de grande regozijo. No tempo de Cristo esta celebração se tornara uma cerimônia muito impressionante. Ocorria por ocasião da Festa dos Tabernáculos, quando o povo de toda a Terra se congregava em Jerusalém. Em cada um dos sete dias da festa, os sacerdotes saíam com música e coro dos levitas a tirar água da fonte de Siloé, em um vaso de ouro. Eram seguidos pelas multidões de adoradores, em tão grande número quanto podiam ficar perto da fonte, dela bebendo, enquanto surgiam os acordes jubilosos: 'Vós com alegria tirareis águas das fontes da salvação'. Isaías 12:3. A água tirada pelos sacerdotes era então levada ao templo, por entre sons de trombetas e o canto solene: 'Nossos pés estarão dentro dos teus muros, ó Jerusalém'. Salmos 122:2. A água era derramada sobre o altar do holocausto, enquanto repercutiam cânticos de louvor, unindo-se as multidões em coros triunfantes com instrumentos musicais e trombetas de baixo diapasão.

"O Salvador fez uso desse cerimonial para encaminhar a mente do povo às bênçãos que Ele lhes viera trazer. 'No último dia, o grande dia da festa', foi ouvida Sua voz em tons que repercutiam pelos pátios do templo: 'Se alguém tem sede venha a Mim, e beba. Quem crê em Mim, como diz a Escritura, rios d'água viva correrão de seu ventre.' 'Isto', declarou João, 'disse Ele do Espírito que haviam de receber os que nEle cressem'. João 7:37-39. A água refrigerante, borbulhando na Terra ressequida e estéril, fazendo com que o deserto floresça, e fluindo para dar vida aos que perecem, é um emblema da graça divina que apenas Cristo pode conferir, e é como água viva, purificando, refrigerando a alma. Aquele em quem Cristo habita tem dentro de si uma fonte incessante de graça e força. Jesus consola a vida e ilumina a senda de todo aquele que em verdade O busca. Seu amor, recebido no coração, expandir-se-á em boas obras para vida eterna. E não somente abençoa a alma em que ele se expande, mas a torrente viva fluirá em palavras e ações de justiça, para refrigerar os sedentos em redor daquela pessoa.

"A mesma figura empregou Cristo em Sua conversa com a mulher de Samaria, no poço de Jacó. 'Aquele que beber da água que Eu lhe der nunca terá sede, porque a água que Eu lhe der se fará nele uma fonte d'água, que salta para a vida eterna'. João 4:14. Cristo combina os dois tipos. Ele é a rocha, Ele é a água viva" (Ellen G. White, *Patriarcas e Profetas*, pp. 399, 400).

7. Como revela a mensagem do santuário o verdadeiro caráter de Deus? (Is 14:12-14; Ez 28:12-19; Ap 12:7-9)

_____

_____

8. Qual evento no ministério de Cristo, especialmente mostrou Seu respeito pelo santuário? (Mt 21:12, 13; Jo 2:13-16)

_____

_____

9. Que aconteceu quando Cristo morreu, mostrando claramente como os serviços do santuário terrenal tinham cumprido sua missão e agora perderiam completamente o seu significado? (Mt 27:45-51)

_____

_____

10. Como é a relação de Cristo com o santuário no céu? (He 7:28–8:6)

_____

_____

11. A mensagem do santuário tem a chave para compreender o livro de Apocalipse. Que ensinam as seguintes passagens sobre o santuário celestial?

    a. Ap 1:10-20 – _____

_____

    b. Ap 4:1-6 – _____

_____

c. Ap 11:18, 19 – _____

_____

d. Ap 15:1-6 – _____

_____

e. Ap 21:22 – _____

_____

Lição 3

Jesus Profetiza a Destruição do Templo

Na lição anterior vimos como o santuário mostra a mais básica das doutrinas cristãs—a salvação através do sacrifício expiatório de Cristo—mas que este processo de expiação não estaria completo sem Sua segunda vinda, a qual vamos estudar nesta lição.

1. Os discípulos sentiam grande orgulho do templo. Sua fachada brilhante de mármore e seu mobiliário formoso ocupavam o ponto mais elevado de Jerusalém. Certo dia quando os discípulos estavam fazendo uma excursão com Jesus pelo templo, Ele fez uma predição surpreendente (Mt 24:1, 2). Poucos momentos depois, sentados numa colina por perto, com que pergunta indagaram a Jesus? (Mt 24:3)

   _____

   _____

2. Foi o templo destruído antes? Trace esta curta história do templo judeu:

   a. 2Sm 7:1-13 – _____

   _____

Jesus Profetiza a Destruição do Templo | 21

    b. 1Rs 7:51–8:5 – _____

_____

    c. 2Cr 36:15-21 – _____

_____

    d. Ed 3:10-13 – _____

_____

3. Vimos o grande respeito de Jesus pelo templo na lição anterior, mas porque os judeus na maioria rejeitaram seu Messias, o templo foi outra vez condenado. Mateus 23 contém uma série de "lamentações" contra os escribas e fariseus. Que disse Jesus sobre Jerusalém nos versos 37-39?

_____

_____

4. Quais foram as duas partes da pergunta dos discípulos em Mateus 24:3? E qual foi a resposta de Jesus nos versos a seguir?

_____

_____

Numa versão da terrível destruição que aconteceu no ano 70 D.C. sob o comando do general Tito, disse o seguinte: "A cega obstinação dos chefes dos judeus e os abomináveis crimes perpetrados dentro da cidade sitiada, excitaram o horror e a indignação dos romanos, e Tito finalmente se decidiu a tomar o templo de assalto. Resolveu, contudo, que, sendo possível, deveria o mesmo ser salvo da destruição. Mas suas ordens foram desatendidas. Depois que ele se retirara para a sua tenda à noite, os judeus, saindo repentinamente do templo, atacaram fora os soldados. Na luta, um soldado arremessou um facho através

> de uma abertura no pórtico, e imediatamente as salas revestidas de cedro, em redor da casa sagrada, se acharam em chamas.
>
> Tito precipitou-se para o local, seguido de seus generais e legionários, e ordenou aos soldados que apagassem as labaredas. Suas palavras não foram atendidas. Em sua fúria, os soldados lançaram tochas ardentes nas salas contíguas ao templo, e com a espada assassinavam em grande número os que ali tinham procurado refúgio. O sangue corria como água pelas escadas do templo abaixo. Milhares e milhares de judeus pereceram. Acima do ruído da batalha, ouviam-se vozes bradando: 'Icabode'— foi-se a glória" (Ellen G. White, *O Grande Conflito*, p. 33).

5. Ao ler Mateus 24, quantos dos sinais aplicam-se à destruição de Jerusalém ou à segunda vinda de Cristo, ou a ambos eventos?

_____

_____

6. Qual admoestação que Jesus nos deu no final de seu discurso em Mateus 24:44?

_____

_____

7. Várias parábolas sobre "estarmos prontos" encontram-se em Mateus 22 e 25? Que lições provém destes?

   a. A festa de bodas (Mt 22:1-14) – _____

   _____

   b. As dez virgens (Mt 25:1-13) – _____

   _____

   c. Os talentos (Mt 25:14-30) – _____

   _____

d. O grande julgamento (Mt 25:31-46) – _____

_____

> Note que segundo algumas das parábolas de Jesus, acontece a separação entre os injustos e os salvos somente no fim do mundo, e não na hora da morte (Mt 13:24-30, 38-43; 13:47-50; 25:31-33).

8. Como descreve a Bíblia a segunda vinda de Cristo? (1Ts 4:13-18; 1Co 15:51-54)

_____

_____

9. Qual é o significado da expressão "como ladrão na noite"? (1Ts 5:2; 2Pe 3:10)

_____

_____

10. Deus nos tem prometido uma nova Terra onde por fim estaremos livres de Satanás e o pecado. Quais as características que distinguem o reino de Deus, o que gozaremos pela eternidade? (Ap 21:4)

_____

_____

Lição 4

A Aliança da Arca

Existe um mal-entendido no mundo cristão em torno das alianças de Deus com Seu povo. Esta lição vai explorar a Bíblia com importante conhecimento sobre a nova aliança.

1. A arca dentro do santuário/tabernáculo/templo chamava-se "a arca da aliança". Este termo encontra-se várias vezes na Bíblia. A quem pertencia a arca? (Nm 10:33; Js 3:11)

   _____

   _____

> Note que quando "Senhor" está escrito com maiúsculas pequenas (SENHOR), fica em lugar de "Jeová" ou "Yahweh" no hebreu original.

2. Em termos gerais, o que é uma aliança? (Gn 9:12-17)

   _____

   _____

3. O que chamamos a aliança de Deus com a humanidade? (Hb 13:20)

   _____

   _____

4. Por que a arca foi chamada "a arca da aliança"? (Êx 34:28)

   _____

   _____

5. Existem muitos convênios ou alianças na Bíblia, mas neste estudo nos concentraremos nas alianças que têm relação com nossa salvação. O que podemos aprender das seguintes alianças?

   a. A "antiga aliança" entre Deus e o homem (Gn 2:16, 17) –

   _____

   b. A "nova aliança" depois que pecaram (Gn 3:15) –

   _____

   c. Uma prova da antiga aliança (Êx 19: 4-8; 24: 3-7) –

   _____

   d. A nova aliança, consagrada na arca (Êx 25: 8-22) –

   _____

6. Os dois princípios eternos do caráter e do reino de Deus são a justiça perfeita (baseada na lei) e a perfeita misericórdia. Quais são alguns dos principais eventos da história da Bíblia que rastreiam esses princípios coexistentes?

   a. Gn 3:7, 21 – _____

   b. Gn 4:3-5 – _____

   c. Gn 22:7-14 – _____

   d. Êx 29:38, 39; Lv 1:1-5 – _____

   _____

e. Mt 27:46-51 – _____

7. Que termo belo pela aliança é usado na Bíblia para descrever o relacionamento cristão de uma pessoa com o Salvador?

　　a. Is 54:5 _____

　　b. Ap 21:9, 10 – _____

　　c. Ef 5:22-32 – _____

8. Foram as pessoas do Antigo Testamento salvas de maneira diferente do que no Novo Testamento? (Is 55:6, 7; Sl 51)

　　_____

　　_____

9. Quais são as distinções importantes entre os Dez Mandamentos e a lei cerimonial?

　　a. Os Dez Mandamentos (Êx 25:16, 21; 31:18; 40:20; Dt 9:10) –

　　_____

　　b. A lei cerimonial (Dt 31:26) – _____

　　_____

10. É a lei cerimonial ainda aplicável? (Hb 9:9-12; Cl 2:14; Ef 2:15; Hb 10:1)

　　_____

　　_____

　　_____

　　_____

11. A lei moral, os Dez Mandamentos, ainda é aplicável? (Sl 19:7; Is 42:21; Mt 5:18; Rm. 7:12; 3:31)

12. Quais princípios da nova aliança são importantes para nós hoje?

    a. Jr 31:31-34; Ez 36:26, 27 – _____

    b. Lc 22:20 – _____

    c. Hb 8:1-6; Ap 11:15-19 – _____

13. Como posso começar meu caminho com Cristo e entrar em um relacionamento de aliança com Ele? (At 16:31; Rm 10:9; Cl 2:12; Gl k3:27)

Lição 5

O Ambiente da Arca

A arca da aliança era apenas uma das características do santuário. Esta lição enfoca os outros artigos de mobiliário e seu significado. Deus, que projetou o santuário em primeiro lugar, deu a cada item um significado profundo. O santuário, afinal de contas, não era uma igreja ou local de reunião como pensamos hoje, mas como foi mencionado na lição 2, o santuário era um auxílio visual divinamente designado, cujo propósito era retratar várias facetas de Seu caráter de amor e Seu plano para salvar a humanidade caída.

1. De onde veio o projeto para o primeiro santuário e tabernáculo? (Êx 25:1-9; 26:30)

   _____

   _____

   _____

   _____

2. Você percebe algo único na visão geral de Paulo do tabernáculo em Hebreus 9:1-10? (veja também Êx 31:1-11; 30:6)

   _____

   _____

   _____

3. Deus é um Deus de detalhes. Não havia um único elemento do santuário deixado para a imaginação dos trabalhadores. Quais são alguns dos recursos que você percebe em cada uma das áreas?

   a. O pátio (Êx 27:9-19) –

   b. O próprio tabernáculo (Êx 26) –

   c. O véu (Êx 26:31-35; 30:6) –

   d. O altar de holocausto (Êx 27:1-8) –

   e. O lavatório (Êx 30:17-21) –

f. A mesa dos pães da proposição (Êx 25:23-30) –

g. O candelabro de ouro (Êx 25:31-40) –

h. O altar de incenso (Êx 30:1-10) –

i. A arca da aliança (Êx 25:10-22) –

j. O vestuário do sacerdote (Êx 28:29, 30; Nm 4:6-10) –

4. Vamos agora "entrar" no santuário. Como as seguintes coisas apontaram para Jesus?

   a. O altar de holocausto (Jn 1:29; Hb 7:25-27; 9:12) –

   b. O candelabro de ouro (Jn 8:12) –

c. A mesa dos pães da proposição (Jn 6:41-51) –

d. O sacerdote (Hb 8:1, 2; 9:11, 12, 14) –

5. Dois tipos principais de sacrifícios foram oferecidos no santuário. Quais eram eles?

   a. Êx 29:38-46 –

   b. Lv 4:1-6 –

6. Seis convocações sagradas especiais ou "festas" foram observadas durante todo o ano civil, três na primavera e três no outono. O que eles significaram?

   a. A Páscoa e Pão Ázimo (Lv 23:4-8; 1Co 5:7) –

   b. A Festa das Primícias (Lv 23::9-14; Mt 27:50-53) –

   c. A Festa das Semanas / Pentecostes (Lv 23:15-22; At 2:1-4) –

   d. A Festa das Trombetas (Lv 23:23-25) –

e. O Dia da Expiação (Lv 23:26-32; 16:29, 30) –

f. A Festa de Tabernáculos (Lv 23:33-44) –

7. Observe que o sábado semanal é mencionado separadamente em Levítico 23:3. Por que você acha que o sábado é destacado por si mesmo?

8. Ao estudarmos o santuário, fica cada vez mais claro que Deus está tentando nos ensinar dois grandes princípios de salvação. Quais são os dois princípios?

   a. _____

   b. _____

9. Como isso é retratado no esquema geral do santuário?

   a. O Lugar Santo e o serviço "diário" (Hb 9:6) –

   b. O Lugar Santíssimo e o serviço "anual" (Hb 9:7) –

10. Que importante lição pode ser aprendida do santuário, especialmente do candelabro de ouro? (Sl 119:105)

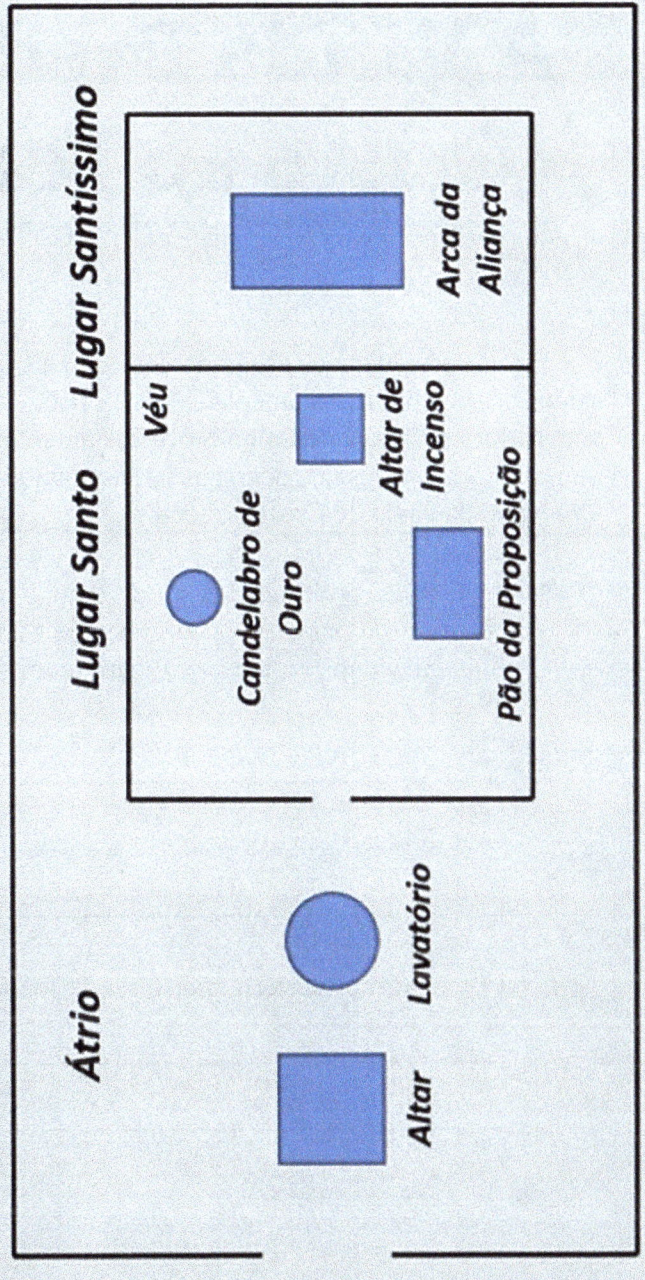

Lição 6

A Vinda Predita de Cristo ao Templo

Esperamos que você esteja descobrindo a riqueza do simbolismo no santuário do Antigo Testamento. Muitos cristãos ignoram essa parte e se concentram exclusivamente no Novo Testamento. Mas há tantos ensinamentos maravilhosos que negligenciamos quando fazemos isso, incluindo a previsão da vinda de Cristo ao templo.

1. Malaquias, o último profeta do Antigo Testamento, escrevendo cerca de 400 anos antes da época de Cristo, predisse a vinda de dois indivíduos ao templo. Quem eram eles? (Ml 3:1; Mt 3:1-3, 13-17)

   _____

   _____

   _____

2. Como afirmou Jesus o ministério de João Batista? (Mt 11:7-11)

   _____

   _____

A Vinda Predita de Cristo ao Templo | 35

3. Que profecia de Malaquias Jesus ligou a João Batista? (Ml 4:5, 6; Jo 1:19-23; Mt 11:12-14; veja também Dt 18:15)

4. Veio Jesus à Terra em um momento particular da história? (Gl 4:4, 5; Mc 1:14, 15)

5. A Bíblia contém algumas profecias que estão ligadas a um tempo específico, e agora vamos olhar uma delas. Que precedente temos para interpretar o fator temporal de uma determinada maneira? (Ez 4:1-6)

6. Este, então, é o princípio de "um dia por um ano", que pode ser aplicado com segurança a muitas profecias de tempo. Daniel foi um desses exilados, que se destacou nesse cenário e foi elevado à liderança no governo babilônico e, mais tarde, no governo sucessor da Pérsia. Qual é a seqüência de eventos descrita em Daniel 9?

   a. Dn 9:1, 2; Jr. 25:11, 12 –

b. Dn 9:3-19 –

c. Dn 9:20-23 –

7. Ao examinar o significado das palavras de Gabriel em Daniel 9, vemos uma profecia do tempo que previu com precisão a primeira vinda de Cristo. Se a nossa régua profética é verdadeira, que um dia profético é igual a um ano literal, quantos anos a profecia das 70 semanas significaria? E o que as frases "são determinadas" e "para o seu povo" significam? (Dn 9:24)

8. O que eles deveriam realizar durante o período de 70 semanas? Eles tiveram sucesso? (Dn 9:24; Mt 23:37–39)

9. Que evento assinalou o começo da profecia? (Dn 9:25)

A Vinda Predita de Cristo ao Templo | 37

10. Temos uma cópia deste decreto que foi o catalisador para a profecia? (Ed 7:11-26)

11. Quando foi que o Messias, Jesus, deveria vir ao Seu templo? (Dn 9:26)

12. Que ia acontecer ao templo alguns anos após a morte de Cristo? (Mt 24:1, 2, 15-23)

13. Como foi que Cristo "confirmaria uma aliança por uma semana" com os judeus? (Mt 10:5, 6; At 13:42-46)

14. O pacto de Deus com Israel era condicional ou incondicional? (Dt 28:1, 2, 15, 16)

15. Exatamente quando morreu Cristo no Calvário? (Dn 9:27)

16. Que evento mostrou que os sacrifícios do templo foram abolidos, pelo menos aos olhos de Deus? (Mt 27:51)

17. Quem é o povo de Deus hoje? (Gl 6:15, 16; 3:27-29; Rm 9:6-8; 11:5, 13-17, 26)

_____

_____

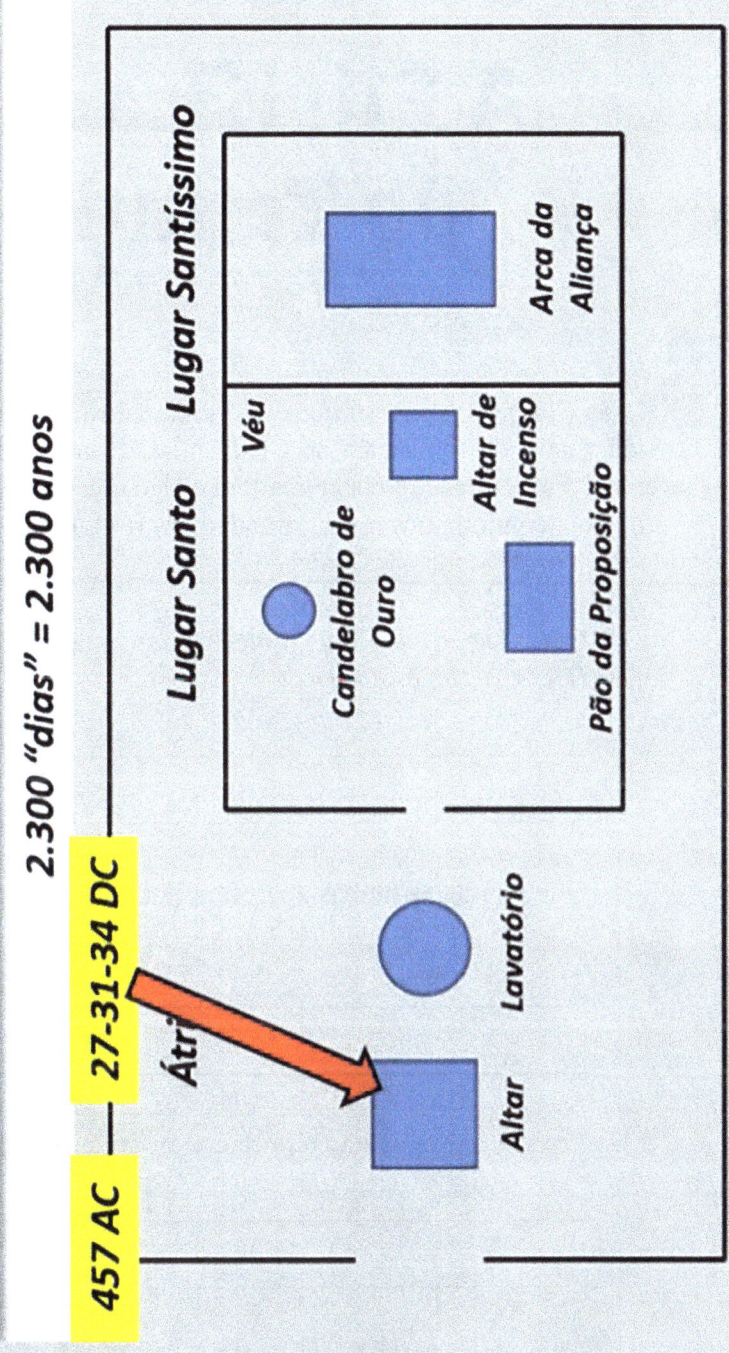

Lição 7

A Purificação do Templo

Não é incrível descobrir que o santuário não apenas retratou os eventos da vida e do ministério de Cristo, mas o próprio momento desses eventos? Esta é uma notícia animadora e algo que muitos cristãos sentem falta. Hoje continuamos nossa jornada para o estudo desta incrível linha do tempo profetizada em Daniel 8 e 9.

1. Como sabemos que as profecias de Daniel 8 e 9 estão ligadas? (Dn 8:27; 9:1-3, 20-23)

   _____

   _____

2. Que figuras estranhas aparecem em sua visão no capítulo 8 e o que elas representam? (Dan. 8:1-9)

   _____

   _____

3. Como o chifre pequeno profanou o santuário? (Dn 8:10-12)

   _____

   _____

4. Quanto tempo demoraria até que a verdade do santuário fosse restaurada? (Dn 8:13, 14)

5. Quando começou este período? (Dn 9:25)

6. O termo "purificação do santuário" era bem compreendido pelos judeus para se referirem ao Dia da Expiação, que por sua vez significava o julgamento. Uma vez por ano, o espetáculo era reencenado em uma cerimônia que se concentrava no Lugar Santíssimo. O que essa cerimônia significava? (Lv 23:26-32; 16:29-33)

7. As cerimônias do santuário são divididas em duas partes básicas: os serviços "diários" e os "anuais". O que foi representado pelos serviços diários? (Mc 15:33-39)

8. Então, se o serviço diário é profético, o que prevê o serviço anual? (Ap 20:11-15)

9. Observe a profecia de Daniel sobre o julgamento. O que acontece antes de Cristo retornar à Terra? (Dn 7:9, 10; Ap 22:12)

_____

10. Que cerimônia solene do santuário retrata a graça salvadora de Deus? (Lv 16:7-10)

_____

   a. Quem o bode do Senhor representa? – _____

   b. Quem o bode expiatório (Azazel) representa? – _____

   c. Quando morre o bode do Senhor? (Lv 16:8, 9; Jo 19:28-30) –

   _____

   d. Quando morre o bode expiatório? (Lv 16:10; Ap 20:7-10) –

   _____

   _____

   _____

   _____

11. Alguns acreditam que ambos os bodes representam Cristo. Se ambos os bodes tivessem que ser perfeitos, como podemos dizer que Azazel representa Satanás? (Ez 28:12-15)

_____

12. Em que sentido a "expiação" é usada em Levítico 16:15-22?

_____

_____

_____

13. O que aconteceu em 1844, que faz com que seja um momento significativo na profecia bíblica? (Ap 10:8-11; Dn 12)

___

Seguindo o simbolismo do santuário à sua lógica conclusão, acreditamos que parte do julgamento começou em 1844. Nós o chamamos de "julgamento investigativo", porque Cristo está nos preparando para a Sua vinda. Há um sentido definido em que nós também devemos "afligir nossas almas" como os israelitas fizeram no Dia da Expiação, tomando a vida a sério e vivendo para Jesus.

14. Será que algum dia teremos que lidar com o pecado novamente? (Na 1:9)

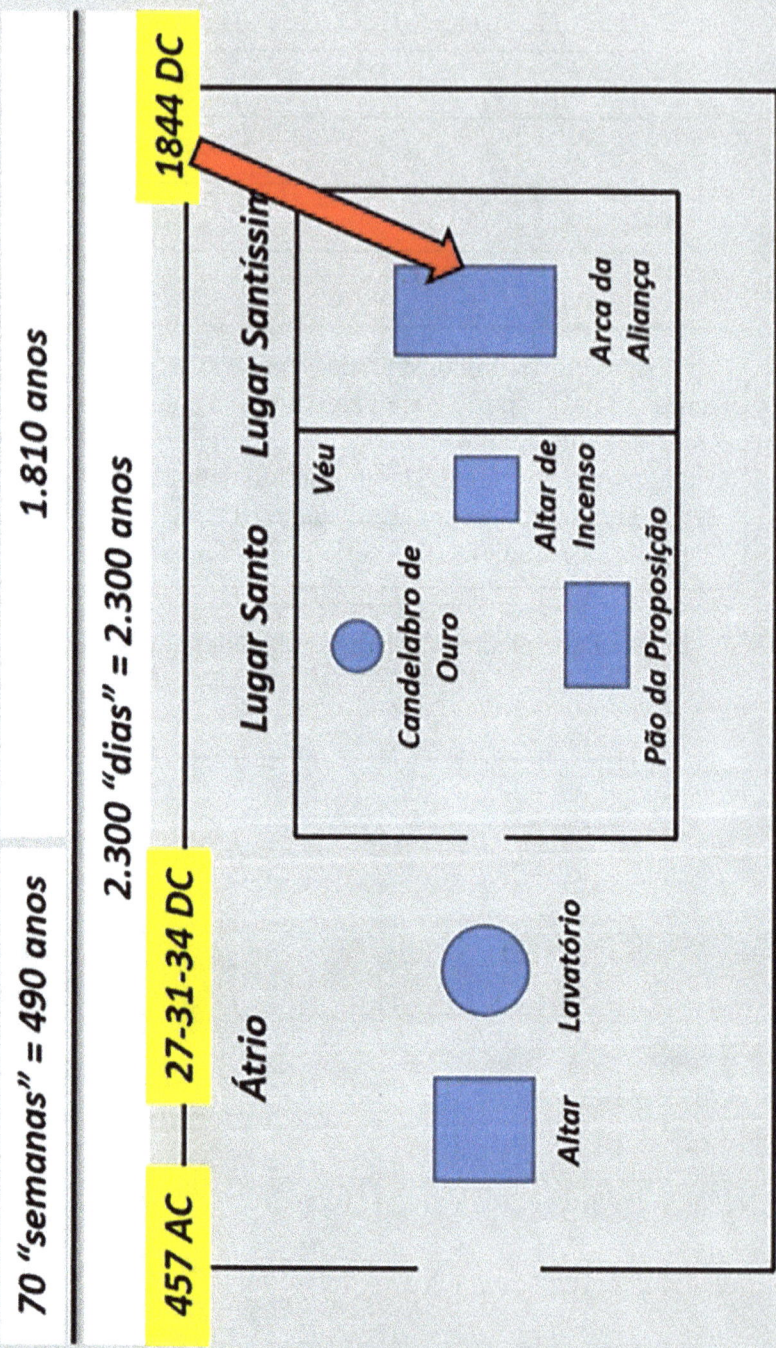

Lição 8

O Conteúdo da Arca

Na primeira lição, nos referimos brevemente ao conteúdo da arca da aliança, mas hoje vamos analisar seu significado mais profundo. Esta arca era o item mais sagrado do santuário, porque representava a própria presença de Deus.

1. Como foi construída a arca?

    a. Qual foi o seu tamanho? (Êx 25:10) –

    _____

    b. Do que foi feito? (versículos 10, 11) –

    _____

    c. Como foi transportado? (versículos 12-15) –

    _____

    d. O que foi dentro da arca? (versículo 16) –

    _____

    e. O que foi colocado no topo da arca? (versículos 17-21) –

    _____

f. Que atividade devia acontecer ante a arca? (versículo 22) –

_____

2. Quais outros itens seriam posteriormente adicionados à arca? (Hb 9:4; Êx 16:33, 34; Nm. 17:1-10)

_____

3. O que os itens a seguir representam em relação a Deus e Seu caráter?

   a. Os Dez Mandamentos – _____

   b. O maná – _____

   c. A vara de Arão – _____

   d. O propiciatório – _____

   e. Os querubins – _____

4. Por que é importante para nós ter uma imagem verdadeira de Deus? (Is 14:12-15)

_____

_____

_____

> Todos nós ouvimos declarações como: "Se existe um Deus, Ele não permitiria…." Satanás se deleita muito com esses ataques ao caráter de Deus. A verdade é que Deus é o curador e libertador, e Satanás o destruidor e guerreiro.

O Conteúdoda Arca | 47

5. Que explanação nos dá a declaração de Jesus aos discípulos sobre o cego e seu sofrimento? (Jo 9:1-5)

_____

_____

6. O que o apóstolo Paulo disse sobre sua luta contra a enfermidade e o papel que Satanás desempenhava? (2Co 12:7-10)

_____

_____

7. O que a história de Jó nos ensina sobre o envolvimento de Satanás nesta Terra? (Jó 1:6-12)

_____

> Se Deus de repente acabar com toda a miséria, a pobreza, a doença, e a morte da Terra, não esperaríamos o céu. E se Deus curasse somente os cristãos, muitos se tornariam cristãos pela razão errada.

8. Voltando à arca, quais são os dois princípios básicos da salvação que ela nos ensina?

   a. Os Dez Mandamentos (Ap 14:12; 22:14; Mt 5:17, 18; Ro. 3:20, 31; 7:12) – _____

   _____

   b. O propiciatório (Rm 3:23, 24; 5:1; Tg 2:10-12; 1Jo 1:9) –

   _____

   _____

9. Como Deus se apresentou a Moisés? Quais traços de caráter usou Deus para descrever a Si mesmo? (Êx 34:5, 6; Sl 85:10)

10. Que outra característica importante de Deus é destacada na Bíblia? (Sl 115:1-8)

11. Existe alguma coisa na arca da aliança que aponta para Deus como nosso Criador? (Êx 20:8-11).

12. O que os seguintes textos nos ensinam sobre o dia de sábado?

   a. Gn 2:1-3 –

   b. Mc 2:27, 28 –

   c. Êx 16:23–29 –

   d. Ne 13:15-22 –

   e. At 13:42–44; 16:13

O Conteúdoda Arca | 49

    f.   Hb 4:8, 9 – _____

_____

    g.   Is 66:22, 23 – _____

_____

13. Se guardar a lei não nos salva, de que adianta a lei, e precisamos segui-la? (Tg 1:22-25; Rm 3:20)

_____

_____

> "O registro precioso da lei foi colocado na arca do testamento e ainda está lá, escondido com segurança da família humana. Mas no tempo designado por Deus, Ele produzirá estas tábuas de pedra para ser um testemunho para todo o mundo contra a desconsideração de Seus mandamentos e contra a adoração idólatra de um falso sábado" (Ellen G. White, *Manuscript Releases*, vol. 8. p. 100).

Lição 9

Parábolas do Reino

As pessoas nos dias de Jesus, incluindo os seus próprios discípulos, tinham noções muito distorcidas em relação ao reino de Deus. Eles estavam procurando por um Messias que derrubaria os romanos opressivos e restauraria a nação à grandeza terrena. Nesta lição, exploraremos as parábolas que Jesus contou ao explicar pacientemente a verdadeira natureza de Seu reino e os eventos finais que o introduziriam.

1. O que as seguintes parábolas de Jesus nos ensinam sobre o *momento* do dia do julgamento?

    a. a. O trigo e o joio (Mt 13:24-30, 36-43)

    b. b. A rede (Mt 13:47-50)

    c. c. O julgamento final (Mt 25:31-34, 41)

    _____
    _____
    _____
    _____
    _____

Parábolas do Reino | 51

2. O que podemos aprender, como forma de ajuda, das seguintes passagens das escrituras?

    a. Dn 7:9, 10 – _____

    b. At 24:15 – _____

    c. Mc 13:24-27 – _____

    d. Jo 5:28, 29 – _____

    e. At 2:29-35 – _____

    f. 1Co 15:51-54; 1Ts 4:13-17 – _____

    _____

3. Na lição 7, aprendemos que uma faceta do julgamento começou no ano de 1844. O que isso implica? (Dn 7:9, 10)

    _____

    _____

    _____

    _____

4. Quando ocorre a fase de veredicto? (2Ts 2:8; Ap. 6:15-17)

    _____

5. Isso é tudo para os ímpios? Qual é a sequência de eventos descrita em Apocalipse 19 e 20?

    a. Ap 19:11-16 – _ _____

    b. Ap 19:17-21 – _____

    c. Ap 20:1-3 – _____

d. Ap 20:4–6; 1Co 6:2, 3 – _____

   e. Ap 20:7–14 – _____

6. Todo o livro de Apocalipse é repleto em linguagem do santuário. O que você percebe nas seguintes passagens?

   a. Ap 1:9-20 – _____

   b. Ap 4 – _____

   c. Ap 8:1-6 – _____

   d. Ap 11:1-3 – _____

   e. Ap 15:5-8 – _____

   _____

   _____

7. Que evento é descrito em Apocalipse 14:14-16?

   _____

8. Deus procura nos pegar de surpresa com a Sua vinda ou nos adverte? (Mt 24:25; Jn 3:1-4)

   _____

9. Como Deus adverte o mundo imediatamente antes da vinda de Cristo? (Ap 14:6-13)

   _____

   _____

   _____

Parábolas do Reino | 53

10. Examinamos agora as mensagens dos três anjos em algum detalhe. Quais são os componentes da mensagem do primeiro anjo? (Ap 14:6, 7)

   a. Voando no meio do céu – _____

   b. O evangelho eterno – _____

   c. Para todas as nações – _____

   d. Tema a Deus, dê-lhe glória – _____

   e. A hora do julgamento – _____

   f. Adore o Criador – _____

11. O que aprendemos sobre a mensagem do segundo anjo? (Ap 14:8; veja também Ap 17 e 18, especialmente 18:1-4)

   _____
   _____

12. O que proclama o terceiro anjo? (Ap 14:9-11)

   _____
   _____

13. Em contraste direto com os iníquos da Babilônia, como os justos são descritos logo antes da vinda de Cristo? (Ap 14:12, 13)

   _____
   _____

Lição 10

Santidade ao Senhor

Quando o povo de Israel foi libertado de centenas de anos de escravização na Terra do Egito, em grande medida eles perderam a fé e tiveram que ser completamente reeducados nas coisas do Senhor e nos princípios básicos da vida. Exceções notáveis incluem os pais de Moisés e alguns israelitas fiéis, pois sabemos que Deus sempre preservou Sua verdade ao longo da história, mesmo que muitas vezes fosse encoberta. Uma vez que os israelitas montaram acampamento no deserto, não era mais possível que cada família praticar individualmente os rituais de sacrifício em casa, então o sistema do santuário foi introduzido. Esta lição se concentra no conceito de santidade.

1. Que sinal visível de santidade fazia parte das vestes do sacerdote? (Êx 28:36-38; 39:30, 31)

   _____

2. O que significa ser "santo"? (1Pe 1:16; Mt 5:48)

   _____

   _____

3. Como Deus começou a revelar Seu plano de santidade ao povo através de Moisés? (Êx 3:1-5)

   _____

   _____

4. Como Deus estabeleceu este ideal diante do povo como um todo? (Êx 19:3-6; 20:8)

5. Que experiência na jornada a Canaã sublinhou a urgência do conceito de santidade? (Lv 10:1-10)

6. De que outra forma a santidade se refletia em seu estilo de vida? (Lv 11:44-47; At 10:9-16, 28)

7. Deus nos desafia a alcançar a santidade em todas as áreas de nossas vidas, tais como:

   a. 1Co 3:16 – _____

   b. 1Co 6:9-11 – _____

   c. Lv 27:30; Ml 3:8-10 – _____

8. O conceito de santidade é realizado em toda a Bíblia. O que podemos aprender sobre esse conceito no Antigo e no Novo Testamento? (Ez 22:26; 44:16-23; 1Pe 2:9; Ap 5:9, 10)

9. Que teologia medieval obliterou o "sacerdócio do crente" e se tornou um assunto na Reforma Protestante?

10. O que aconteceu com o sacerdócio quando Cristo morreu? (Mt 27:51; Hb 8:1–6)

11. Em que sentido servimos como "sacerdotes" hoje? (Jo 21:15-17; 1Pe 5:3-5)

12. Que conceito pós-moderno obscureceu a distinção entre o sagrado e o profano?

13. Que perspectiva nos ajudará a dedicar nossas vidas completamente a Deus? (Hb 11:13; 1Pe 2:11)

_____

_____

14. Tornar-se "santo" é claramente um conceito estranho para o mundo em geral. Como o Senhor nos aconselha a colocar a vida em perspectiva e colocá-Lo a Ele em primeiro lugar para que, pela associação com Ele, possamos nos tornar santos?

    a. 1Jo 2:15-17 – _____

    b. 2Pe 3:10-13 – _____

> Vamos todos orar para que o Senhor faça Sua obra maravilhosa em nossas vidas e, assim, nos prepare para o Seu reino celestial! "A oração é ordenada pelo Céu como meio de alcançar êxito no conflito com o pecado e no desenvolvimento do caráter cristão. As influências divinas que vêm em resposta à oração da fé produzirão no coração do suplicante tudo o que ele pleiteia. Podemos pedir o perdão do pecado, o Espírito Santo, a natureza cristã, sabedoria e fortaleza para Sua obra, todos os dons, enfim, que Ele prometeu, e a promessa é: 'Recebereis'".—Ellen G. White, *Atos dos Apóstolos*, p. 315.

Lição 11

Mediação Celestial

Especialmente no mundo de hoje, o homem é considerado independente e autossuficiente. "Liberdade" para muitos é interpretada como significando que moralmente não respondemos a ninguém, que somos autônomos. Intimamente relacionada com isso é a ideia de relativismo—o que eu acredito pode diferir do que você acredita, e nós dois estamos certos! A "verdade" é boa para o matemático, o físico, o químico, etc., mas a verdade comportamental não existe e é condicionada pela nossa cultura e educação. Os tristes resultados dessas filosofias abundam ao nosso redor.

1. Na parábola da ovelha perdida, a ovelha perdida estava "livre"? (Lc 15:3-7)

   _____

   _____

2. Qual foi a missão de Jesus enquanto estava na Terra? (Lc 19:10)

   _____

   _____

3. A mediação de Jesus começou enquanto na Terra. Para quem Ele intercedeu? (Jo 17:6-21)

   _____

4. Qual é a única maneira de ser verdadeiramente livre? (Jo 17:17; 14:6; 8:30-36)

   _____

5. O que o santuário nos ensina sobre Jesus, nosso Salvador e Mediador?

   a. Hb 9:12 – _____

   b. Hb 8:1, 2, 6 – _____

   c. Hb 9:28 – _____
   _____

6. O que qualifica Cristo para ser nosso Mediador? (Hb 4:15, 16; 5:8, 9)

   _____
   _____

7. O que as escrituras nos ensinam sobre a mediação de Cristo?

   a. 1 Tim. 2:5, 6 – _____

   b. Hb 8:6; 9:15 – _____
   _____

   c. Jo 14:1-6 – _____
   _____

> É importante notar que alguns sistemas teológicos apontam para outros "mediadores", como os sacerdotes, Maria, etc. Essas idéias errôneas surgiram durante a grande apostasia do cristianismo após o tempo dos apóstolos.

8. Se Jesus está mediando por nós no santuário celestial, quem está aqui na Terra nos ajudando? (Jo 16:7)

   _____

9. Qual é a obra do Espírito Santo? (Jo 16:8-13)

10. O que nos qualifica para nos beneficiarmos da obra do Espírito Santo? (Jo 14:15-17; Hb 10:14)

11. Como podemos encontrar essa verdade? (Jo 18:36-38)

12. Qual é o papel do Espírito Santo quando oramos? (Rm 8:26, 27)

13. Como o Espírito Santo nos capacita a servir os outros? (1Co 12:1, 7-11)

14. Como Cristo e o Espírito Santo abrem as portas do céu para nós agora mesmo? (Ef 3:12; Hb 4:16)

15. Todas as verdades que estudamos neste curso emanam do santuário. Como os salmistas expressaram sua alegria em relação à casa de Deus? (Sl 77:13; 122:1)

16. O que aconteceu nos dias do rei Josias quando as Escrituras foram redescobertas? (2Rs 22:8-13)

_____

17. Quando Hulda, a profetisa, foi consultada, o que ela disse, especialmente para o jovem rei? (2Rs 22:15-20)

_____

> Que possamos humilhar nossos corações para receber a Palavra de Deus e entregar nossas vidas a Jesus!

Lição 12

A Arca da Segurança

Começamos nossa lição final com esta citação de *O Grande Conflito*: "O assunto do santuário foi a chave que desvendou o mistério do desapontamento de 1844. *Revelou um conjunto completo de verdades, ligadas harmoniosamente entre si* e mostrando que a mão de Deus dirigira o grande movimento do advento e apontara novos deveres ao trazer a lume a posição e obra de Seu povo." (Ellen G. White, p. 423, ênfase nossa). Poderíamos discutir a busca pela arca da aliança terrena, mas isso apenas satisfaria uma curiosidade de resolver o mistério de sua localização. Nesta lição final, dedicaremos nosso tempo ao estudo da arca celestial, que foi obscurecida por várias camadas da falsa teologia através dos séculos. Satanás conseguiu, em grande medida, direcionar o foco da humanidade para longe de Cristo e para um visível "reino" na Terra, para criar uma dependência em um sistema de igreja, em vez de no ministério de nosso Sumo Sacerdote celestial.

1. Que sistema terrestre prevaleceu durante a Idade das Trevas, e que meios usou para chamar atenção para si mesmo e para longe de Cristo? (Dn 8:9; Ap 13:6)

   _____

   _____

2. Quais são as principais características que nos ajudam a identificar esse poder? (Dn 8:9-13; Ap 13:1-8)

   _____

   _____

A Arca da Segurança | 63

3. Quando esse falso sistema seria desmascarado? (Dn 8:14; Hb 9:23)

"Este período profético chegou ao fim em 22 de outubro de 1844. Para os que esperavam encontrar o Senhor nesse dia, o desapontamento foi grande. Hirão Edson, um criterioso estudioso da Bíblia na parte média do Estado de Nova Iorque, descreve o que aconteceu entre o grupo de crentes de que ele era parte:

"'Nossas expectações haviam-se elevado alto, e assim aguardávamos a vinda de nosso Senhor, até que o relógio soou as doze horas da meia-noite. O dia havia-se passado então, e nosso desapontamento havia-se tornado uma certeza. Nossas mais fundas esperanças e expectações foram derruídas, e sobre nós veio tal espírito de pranto como jamais havíamos experimentado antes. Parecia que a perda de todos os amigos terrestres não podia ter comparação. Choramos e choramos, até que o dia raiou....

"'Ponderando em meu coração, eu disse a mim mesmo: "Minha experiência do advento tem sido a mais bela de toda a minha experiência cristã. ... Falhou a Bíblia? Não há Deus, nem Céu, nem cidade dourada e nem Paraíso? Não passa tudo isto de uma fábula habilidosamente engendrada? Não são reais nossas mais fundas esperanças e expectações?"...

"'Eu comecei a sentir que devia haver luz e auxílio para nós nesta hora de agonia. Eu disse a alguns dos irmãos: "Vamos para o celeiro". Entramos no celeiro, fechamos a porta, e dobramo-nos perante o Senhor. Oramos ferventemente, pois sentíamos nossa necessidade. Prosseguimos em fervorosa oração até que nos fosse dado o testemunho do Espírito de que nossas orações eram aceitas, e luz ser-nos-ia concedida—nosso desapontamento explicado e satisfatoriamente esclarecido.

"'Depois do desjejum eu disse a um de meus irmãos: "Vamos sair e encorajar a alguns de nossos irmãos". Saímos, e enquanto caminhávamos através de um grande campo, fui obstado aproximadamente na metade do campo. O Céu parecia abrir-se ante meus olhos, e eu vi clara e distintamente que em vez de nosso Sumo Sacerdote haver saído do lugar santíssimo do santuário celestial para a Terra no décimo dia do sétimo mês, ao final dos 2300 dias, Ele, pela primeira vez, entrava

> nesse dia no segundo compartimento daquele santuário, e que Ele tinha um trabalho a realizar no lugar santíssimo antes de vir à Terra; que Ele veio para as bodas, ou em outras palavras, ao Ancião de Dias, a fim de receber o reino, e o domínio e a glória; e que devíamos esperar Seu retorno das bodas. E minha mente foi dirigida para o décimo capítulo de Apocalipse, onde pude ver que a visão havia falado e não havia mentido.'" — Manuscrito inédito, publicado em parte na *The Review and Herald*, 23 de junho de 1921. (Ellen G. White, *Cristo em Seu Santuário*, p. 8)

4. Quem é o príncipe do exército? (Js 5:13-15; Dn 9:25; 10:21; 12:1)

___

5. De que maneiras específicas a teologia do chifre pequeno conseguiu substituir o ministério de Jesus?

   a. Um sacerdócio errado (Ap 1:6; 1Pe 2:9) –

   ___

   b. Um falso sistema de mediação (Hb 8:1-6) –

   ___

   c. Um falso sistema religioso com suas armadilhas místicas, como queimar incenso, estátuas e ícones, uma capela centrada em um altar e água benta, relíquias e outras coisas não-bíblicas. –

   ___

A Arca da Segurança | 65

_____

_____

_____

> Hebreus 9:24 revela que o santuário terrestre e seus móveis eram apenas "cópias da verdade". Portanto, a verdadeira "arca perdida" foi redescoberta em 1844, em um milharal, por um dedicado leigo! Esta arca, o santuário celestial e o ministério celestial de Jesus vieram à luz e resultaram em um novo movimento cristão conhecido como a Igreja Adventista do Sétimo Dia. Quais são os "segredos e mistérios" desta "arca perdida"? Eles são apenas segredos e mistérios porque a maioria das pessoas nunca estuda o santuário, e assim a arca se perdeu. Note: A Igreja Adventista do Sétimo Dia mantém muitos dos seus ensinamentos em comum com outras denominações, mas é a única que ensina a mensagem do santuário!

6. Então, em revisão, e de acordo com o que descobrimos através desta série de lições, quais são alguns dos principais ensinamentos bíblicos dados a nós na mensagem do santuário—as "jóias da verdade" que devem ser colocadas "no escrínio [moldura] do evangelho". (Ellen G. White, *Obreiros Evangélicos*, p. 289)?

   a. Hb 9:11, 12 – _____

   b. Is 14:12-14 – _____

   c. 1Ts 4:16-18 – _____

   d. Dn 8:14; Ap 14:6, 7 _____

   e. Jo 14:15, 16; Rm 6:23 – _____

> "No lugar santíssimo vi uma arca, cujo alto e lados eram do mais puro ouro. Em cada extremidade da arca havia um querubim com suas asas estendidas sobre ela. Tinham os rostos voltados um para o outro, e olhavam para baixo. Entre os anjos estava um incensário de ouro. Sobre a arca, onde estavam os anjos, havia o brilho de excelente glória, como se fora a glória do trono da habitação de Deus. Jesus estava junto à arca, e ao subirem a Ele as orações dos santos, a fumaça do incenso subia, e Ele oferecia suas orações ao Pai com o fumo do incenso. Na arca estava a urna de ouro contendo o maná, a vara de Arão que florescera e as tábuas de pedra que se fechavam como um livro. Jesus abriu-as, e eu vi os Dez Mandamentos nelas escritos com o dedo de Deus. Numa das tábuas havia quatro mandamentos e na outra seis. Os quatro da primeira tábua eram mais brilhantes que os seis da outra. Mas o quarto, o mandamento do sábado, brilhava mais que os outros; pois o sábado foi separado para ser guardado em honra do santo nome de Deus. O santo sábado tinha aparência gloriosa—um halo de glória o circundava. Vi que o mandamento do sábado não fora pregado na cruz. Se tivesse sido, os outros nove mandamentos também o teriam, e estaríamos na liberdade de transgredi-los a todos, bem como o quarto mandamento. Vi que Deus não havia mudado o sábado, pois Ele jamais muda". Ellen G. White, *Primeiros Escritos*, p. 32)

7. Dado que tem havido muita distorção ao longo dos séculos, é a "igreja" realmente uma necessidade na vida do crente? Deus está de alguma forma na igreja? (Mt 16:16-19; 1Pe 2:6-10; Hb. 12:22, 23)

_____

_____

_____

_____

8. Que indicação temos que nos diz que Jesus ama a igreja? (Ef 5:25-27; Ap 1:12-20)

_____

9. Como foi a organização da igreja primitiva, que serve como nosso padrão hoje? (At 6:1-7; 14:23; 15:1-3)

_____

_____

10. Como os membros foram adicionados à igreja? (At 2:41-47)

_____

11. Havia apenas oito pessoas salvas na arca de Noé. O que Pedro diz que é o antítipo que agora nos salva? (1Pe 3:18-22)

_____

_____

Nossos primeiros crentes usavam frequentemente o termo "arca da segurança" para se referir à igreja. Esta, então, é a quinta arca da Bíblia! No dia de Noé, as pessoas que o ouviam tinham a opção de entrar no barco ou não. Não é diferente hoje. Todas as quatro arcas que identificamos na primeira lição foram e são "arcas de segurança". A seguinte citação nos fornece uma visão sobre a arca da segurança e nosso papel em compartilhar essa mensagem com outras pessoas.

"Há trabalho a ser feito em favor de nossos vizinhos e por aqueles com quem nos associamos. Não temos liberdade para interromper nossos pacientes e piedosos esforços pelas pessoas, enquanto elas estiverem fora da arca da salvação. Não há trégua nessa guerra. Somos soldados de Cristo e estamos sob obrigação de vigiar, receando que o inimigo obtenha vantagem e retenha a seu serviço alguns que podemos conquistar para Cristo". (Ellen G. White, *Testemunhos para a Igreja*, vol. 5, p. 279)

Respostas e Comentários para o Líder

Lição 1

A Busca da Arca Perdida

A busca da arca da aliança tem sido por muito tempo uma fascinação para muita gente, e logicamente foi celebrada no filme *Raiders of the Lost Ark*. Como ficou perdida na primeira instância é o tema desta lição.

1. Quais *tres* arcas são descritas na Bíblia? (Gê 6:11-17; Êx 2:3; 25:10)

    a. a arca de Noé

    b. o cesto do menino Moisés

    c. a arca da aliança

2. A arca que estamos estudando hoje é a terceira, freqüentemente chamada "a arca da aliança". Onde se colocava esta arca? (Êx 25:8; Hb 9:3, 4)
    No Lugar Santíssimo do tabernáculo

> A arca foi parte dos móveis do santuário, ou tabernáculo, a estrutura portável que chegou a ser o centro de adoração para os israelitas quando sairam do Egito e viajaram para a Terra Prometida após aproximadamente 400 anos de escravidão.

3. Como era a arca? (Êx 25:10-15)

    A arca era uma caixa dourada por dentro e por fora. Media aproximadamente 114 por 68.5 por 68.5 centímetros.

4. Que foi colocado em cima da arca? (Êx 25:17-21; Hb 9:5)

    O propiciatório com dois querubins de ouro, um em cada lado. Querubins são anjos, neste caso representando os anjos que estão mais pertos de Deus no seu trono celestial.

5. Que havia dentro da arca? (Hb 9:4; Dt 10:2; veja também 1Rs 8:9)

    a. A urna de ouro que continha o maná

    b. A vara de Arão, que floresceu

    c. Os Dez Mandamentos; note que os Dez Mandamentos também são referidos como "o testemunho" e "as tábuas da aliança".

6. Qual era o propósito da arca? (Êx 25:22; Nm 7:89; Jz 20:27)

    Representava o trono de Deus e Sua presença entre Seu povo.

A Busca da Arca Perdida | 73

7. Onde está mencionada a arca no Antigo Testamento, e que representava na história dos judeus?

   a. Nm 10:33-35 – A arca precedia o povo para guia-lo.

   b. Js 3:3-17; 4:5-10 – A arca foi usada quando atravessaram o rio Jordão.

   c. Js 6:1-5 – A arca foi levada ao redor de Jericó.

   d. 1Sm 4–7 – A arca ficou capturada, e depois devolvida, pelos Filisteus.

   e. 2Sm 6:1-7 – Uzá tocou a arca e morreu como resultado de sua desobediência.

   f. 1Rs 8:1-11 – A arca foi colocada no templo de Salomão.

8. Quem destruiu o templo de Salomão, e que pode ter acontecido com a arca? (2Cr 36:15-21; Ed 5:13-15; 6:1-5, 14, 15)
   O templo foi saqueado pelos babilônios quando captaram Jerusalém. Então a arca desapareceu.

Uma comentarista escreveu o seguinte: "Entre os justos que ainda restavam em Jerusalém, a quem tinha sido tornado claro o propósito divino, alguns havia que se determinaram colocar além do alcance das mãos cruéis a sagrada arca que continha as tábuas de pedra sobre a qual haviam sido traçados os preceitos do decálogo. Isto eles fizeram. Com lamento e tristeza esconderam a arca numa caverna, onde devia ficar oculta do povo de Israel e de Judá por causa de seus pecados, não mais sendo-lhes restituída. Esta sagrada arca ainda está oculta. Jamais foi perturbada desde que foi escondida" (Ellen G. White, *Profetas e Reis*, p. 231).

Ha também uma passagem sobre isto no livro apócrifo de 2 Macabeus 2:4-8, reclamando que Jeremias escondeu a arca, o altar de incenso, e até o tabernáculo mesmo, em uma caverna no Monte Nebo. Isso nos parece difícil, porque Nebo e a vila adjacente Madaba, ficam hoje em dia em Jordânia, sobre o rio Jordão e quilómetros de Jerusalém. Naquele tempo, nem existia o tabernáculo, já que foi substituído muitos anos antes pelo templo de Salomão.

9. Uma quarta arca aparece na Bíblia em um lugar bem surpreendente. Onde fica *esta* arca? (Ap 11:19)

    Ela fica no céu!

A arca celestial será o estudo de uma lição futura. A arca terrestre provavelmente está escondida em uma cova em algum lugar em Israel. É interessante notar que o lugar do templo em Jerusalém agora está ocupado pela Cúpula da Rocha, um lugar islâmico sagrado (veja a foto).

10. Onde gostava de estar o rei Davi? (Sl 27:4; 69:9; 84:10; 122:1)

    O Rei Davi se deleitou em estar na presença do Senhor em Sua casa, que, naquela época, ainda era o tabernáculo.

11. Em que arca devo enfocar agora? (Hb 8:1, 2; 9:11, 12)

    O resto do nosso estudo se concentrará no santuário celestial e a arca onde Jesus está ministrando antes de retornar a esta Terra.

Lição 2

Jesus no Santuário

Nenhum estudo sobre a arca estaria completo sem entender o santuário, também chamado tabernáculo ou templo. "Santuário" significa "lugar santo". Não era uma igreja ou lugar de assembléia, mas uma grande ajuda visual, com o propósito de ensinar ao povo os princípios básicos da salvação e o plano de Deus para restaurar todas as coisas.

1. Por que é importante entender a mensagem do santuário? (Sl 73:1-17)

   Quando entendido corretamente, o santuário responde às "grandes perguntas" sobre a existência do mal e o problema do sofrimento humano.

2. Quando foi o primeiro encontro de Jesus com o templo? (Lc 2:21-40)

   Sua dedicação como bebê foi Sua primeira visita ao templo.

3. Quando foi a próxima vez que Ele foi ao templo? (Lc 2:41-52)

   Quando Ele fez 12 anos, como todos os meninos judeus, Ele foi autorizado a participar do serviço da Páscoa. Ele viajou com Maria e José para Jerusalém ao atingir a maioridade de acordo com o costume judaico.

4. O que Ele teria pensado quando observava os sacrifícios de animais? (Jo 1:29; Ap 5:6-14)

O Espírito Santo imprimiu que Ele era o Cordeiro de Deus que salvaria o povo de seus pecados.

> "Pela primeira vez, contemplou o menino Jesus o templo. Viu os sacerdotes de vestes brancas, realizando seu solene ministério. Viu a ensangüentada vítima sobre o altar do sacrifício. Com os adoradores, inclinou-Se em oração, enquanto ascendia perante Deus a nuvem de incenso. Testemunhou os impressivos ritos da cerimônia pascoal. Dia a dia, observava mais claramente a significação dos mesmos. Cada ato parecia estar ligado a Sua própria vida. No íntimo acordavam-se Lhe novos impulsos. Silencioso e absorto, parecia estudar a solução de um grande problema. O mistério de Sua missão desvendava-se ao Salvador" (Ellen G. White, *O Desejado de Todas as Nações*, p. 46).

5. Quando que o sistema de sacrifícios foi introduzido e com que propósito? (Gn 3:7, 21; 4:3-5; 22:1-4; Êx 12:3-14)

Deus introduziu o sistema sacrificial a Adão e Eva e seus descendentes depois que eles deixaram o Jardim do Éden. Após o Êxodo, Ele o consagrou nos serviços do santuário. Os sacrifícios simbolizavam que a penalidade do pecado é a morte (Rm 6:23).

6. Freqüentemente Jesus ensinava no templo em Jerusalém durante seu ministério. Numa ocasião particular Ele usou os ritos do santuário para explicar algumas coisas sobre si mesmo. Qual a verdade que compartilhou com o povo? (Jo 7:37-39; Is 55:1)

Ele disse ao povo que Ele é a Água da Vida, o único que pode satisfazer (ver também Jo 4:13, 14).

Um comentário bíblico nos da o seguinte entendimento: "A emanação da água da rocha do deserto foi celebrada pelos israelitas, depois de seu estabelecimento em Canaã, com demonstrações de grande regozijo. No tempo de Cristo esta celebração se tornara uma cerimônia muito impressionante. Ocorria por ocasião da Festa dos Tabernáculos, quando o povo de toda a Terra se congregava em Jerusalém. Em cada um dos sete dias da festa, os sacerdotes saíam com música e coro dos levitas a tirar água da fonte de Siloé, em um vaso de ouro. Eram seguidos pelas multidões de adoradores, em tão grande número quanto podiam ficar perto da fonte, dela bebendo, enquanto surgiam os acordes jubilosos: 'Vós com alegria tirareis águas das fontes da salvação'. Isaías 12:3. A água tirada pelos sacerdotes era então levada ao templo, por entre sons de trombetas e o canto solene: 'Nossos pés estarão dentro dos teus muros, ó Jerusalém'. Salmos 122:2. A água era derramada sobre o altar do holocausto, enquanto repercutiam cânticos de louvor, unindo-se as multidões em coros triunfantes com instrumentos musicais e trombetas de baixo diapasão.

"O Salvador fez uso desse cerimonial para encaminhar a mente do povo às bênçãos que Ele lhes viera trazer. 'No último dia, o grande dia da festa', foi ouvida Sua voz em tons que repercutiam pelos pátios do templo: 'Se alguém tem sede venha a Mim, e beba. Quem crê em Mim, como diz a Escritura, rios d'água viva correrão de seu ventre.' 'Isto', declarou João, 'disse Ele do Espírito que haviam de receber os que nEle cressem'. João 7:37-39. A água refrigerante, borbulhando na Terra ressequida e estéril, fazendo com que o deserto floresça, e fluindo para dar vida aos que perecem, é um emblema da graça divina que apenas Cristo pode conferir, e é como água viva, purificando, refrigerando a alma. Aquele em quem Cristo habita tem dentro de si uma fonte incessante de graça e força. Jesus consola a vida e ilumina a senda de todo aquele que em verdade O busca. Seu amor, recebido no coração, expandir-se-á em boas obras para vida eterna. E não somente abençoa a alma em que ele se expande, mas a torrente viva fluirá em palavras e ações de justiça, para refrigerar os sedentos em redor daquela pessoa.

> "A mesma figura empregou Cristo em Sua conversa com a mulher de Samaria, no poço de Jacó. 'Aquele que beber da água que Eu lhe der nunca terá sede, porque a água que Eu lhe der se fará nele uma fonte d'água, que salta para a vida eterna'. João 4:14. Cristo combina os dois tipos. Ele é a rocha, Ele é a água viva" (Ellen G. White, *Patriarcas e Profetas*, pp. 399, 400).

7. Como revela a mensagem do santuário o verdadeiro caráter de Deus? (Is 14:12-14; Ez 28:12-19; Ap 12:7-9)

    Desde que a guerra estourou no céu, Satanás trabalhou para difamar a Deus e assassinar Seu caráter. O grande conflito e a disposição do pecado e de Satanás são totalmente retratados e compreendidos através do santuário.

8. Qual evento no ministério de Cristo, especialmente mostrou Seu respeito pelo santuário? (Mt 21:12, 13; Jo 2:13-16)

    Expulsando os cambistas que estavam profanando o templo comprando e vendendo.

9. Que aconteceu quando Cristo morreu, mostrando claramente como os serviços do santuário terrenal tinham cumprido sua missão e agora perderiam completamente o seu signficado? (Mt 27:45-51)

    Quando Cristo morreu, o véu do templo foi rasgado de alto a baixo por uma mão invisível.

10. Como é a relação de Cristo com o santuário no céu? (He 7:28–8:6)

    Hoje ele serve como nosso Sumo Sacerdote no santuário celestial.

11. A mensagem do santuário tem a chave para compreender o livro de Apocalipse. Que ensinam as seguintes passagens sobre o santuário celestial?

   a. Ap 1:10-20 – Os sete castiçais, como as sete ramas do candelabro no santuário, são as sete igrejas (Ap 1:20). Aqui vemos Cristo andando entre os castiçais (Ap 2:1), mostrando Seu grande amor e cuidado por Seu povo.

   b. Ap 4:1-6 – O prelúdio para os sete selos revela o majestoso trono no santuário celestial, Sua dignidade como nosso Criador, e Seu direito de efetuar julgamentos iminentes sobre a Terra.

   c. Ap 11:18, 19 – No final das sete trombetas, o templo de Deus é aberto no céu e a arca da aliança celestial é vista. Isso nos mostra que o santuário celestial, por tanto tempo ignorado pelos humanos, terá um papel significativo nos eventos do fim dos tempos.

   d. Ap 15:1-6 – Neste prelúdio às sete últimas pragas de capítulo 16, os julgamentos de Deus emanam do templo celestial.

   e. Ap 21:22 – Finalmente, não há mais templo! Todas as principais linhas de profecia no Apocalipse emanam do santuário celestial, e o livro em si é cheio de alusões a elas. Assim, o Apocalipse vem vivo para aqueles que entendem o santuário.

Lição 3

Jesus Profetiza a Destruição do Templo

Na lição anterior vimos como o santuário mostra a mais básica das doutrinas cristãs—a salvação atravez do sacrifício expiatório de Cristo—mas que este processo de expiação não estaria completo sem Sua segunda vinda, a qual vamos estudar nesta lição.

1. Os discípulos sentiam grande orgulho do templo. Sua fachada brilhante de mármore e seu mobiliário formoso ocupavam o ponto mais elevado de Jerusalem. Certo dia quando os discípulos estavam fazendo uma excursão com Jesus pelo templo, Ele fez uma predição supreendente (Mt 24:1, 2). Poucos momentos depois, sentados numa colina por perto, com que pergunta indagaram a Jesus? (Mt 24:3)

    "Diga-nos, quando serão essas coisas? E qual será o sinal da Tua vinda e do fim dos tempos?" Eles evidentemente equiparam um evento tão importante com o fim do mundo.

2. Foi o templo destruído antes? Trace esta curta história do templo judeu:

    a. 2Sm 7:1-13 – Davi queria construir um templo, mas Deus não permitiria isso.

Jesus Profetiza a Destruição do Templo | 81

    b. 1Rs 7:51–8:5 – O templo foi finalmente construído e dedicado pelo rei Salomão.

    c. 2Cr 36:15-21 – Por causa da infidelidade de Israel, o templo foi destruído pelos babilônios em 586 aC.

    d. Ed 3:10-13 – O templo foi reconstruído depois de 70 anos em cativeiro babilônico, e depois foi completamente reformado e ampliado sob o reinado do rei Herodes, o Grande.

3. Vimos o grande respeito de Jesus pelo templo na lição anterior, mas porque os judeus na maioria rejeitaram seu Messias, o templo foi outra vez condenado. Mateus 23 contém uma série de "lamentações" contra os escribas e fariseus. Que disse Jesus sobre Jerusalem nos versos 37-39?

    Ele disse que a casa deles ficaria desolada. Em outras palavras, Israel como nação nunca mais seria a nação escolhida por Deus, embora os israelitas individuais fossem certamente bem-vindos ao novo Israel espiritual, a igreja cristã.

4. Quais foram as duas partes da pergunta dos discípulos em Mateus 24:3? E qual foi a resposta de Jesus nos versos a seguir?

    A resposta de Jesus envolvia duas partes, a destruição de Jerusalém e o fim do mundo—um só evento em suas mentes, mas, na realidade, dois eventos separados. Isso exemplifica o princípio de dualidade de cumprimento que se aplica a muitas profecias.

Numa versão da terrível destruição que aconteceu no ano 70 D.C. sob o comando do general Tito, disse o seguinte: "A cega obstinação dos chefes dos judeus e os abomináveis crimes perpetrados dentro da cidade sitiada, excitaram o horror e a indignação dos romanos, e Tito finalmente se decidiu a tomar o templo de assalto. Resolveu, contudo, que, sendo possível, deveria o mesmo ser salvo da destruição. Mas suas ordens foram desatendidas. Depois que ele se retirara para a sua tenda à noite, os judeus, saindo repentinamente do templo, atacaram fora os soldados.

> Na luta, um soldado arremessou um facho através de uma abertura no pórtico, e imediatamente as salas revestidas de cedro, em redor da casa sagrada, se acharam em chamas. Tito precipitou-se para o local, seguido de seus generais e legionários, e ordenou aos soldados que apagassem as labaredas. Suas palavras não foram atendidas. Em sua fúria, os soldados lançaram tochas ardentes nas salas contíguas ao templo, e com a espada assassinavam em grande número os que ali tinham procurado refúgio. O sangue corria como água pelas escadas do templo abaixo. Milhares e milhares de judeus pereceram. Acima do ruído da batalha, ouviam-se vozes bradando: 'Icabode'— foi-se a glória" (Ellen G. White, *O Grande Conflito*, p. 33).

5. Ao ler Mateus 24, quantos dos sinais aplicam-se à destruição de Jerusalém ou à segunda vinda de Cristo, ou a ambos eventos?

    Muitos desses sinais ocorreriam em conexão com os dois eventos. Por exemplo, sabemos de vários falsos messias que surgiram antes da destruição de Jerusalém, e Paulo disse em Colossenses 1:23 que o evangelho haveria de ser pregado ao mundo inteiro em seus dias, pelo menos no mundo de que ele estava ciente.

6. Qual admoestação que Jesus nos deu no final de seu discurso em Mateus 24:44?

    Ele os avisou para estarem sempre prontos.

7. Várias parábolas sobre "estarmos prontos" encontram-se em Mateus 22 e 25? Que lições provém destes?

    a. A festa de bodas (Mt 22:1-14) – Nós devemos aceitar a vestimenta de casamento, justiça pela fé.

    b. As dez virgens (Mt 25:1-13) – Precisamos do "óleo" do Espírito Santo para nos preparar para o retorno do Noivo.

    c. Os talentos (Mt 25:14-30) – A importância de "investir" em servir a Deus. Quando fazemos isso, Ele nos abençoa com mais talentos.

Jesus Profetiza a Destruição do Templo | 83

  d. O grande julgamento (Mt 25:31-46) – Nossas obras de compaixão e caridade são notadas no céu.

> Note que segundo algumas das parábolas de Jesus, acontece a separação entre os injustos e os salvos somente no fim do mundo, e não na hora da morte (Mt 13:24-30, 38-43; 13:47-50; 25:31-33).

8. Como descreve a Bíblia a segunda vinda de Cristo? (1Ts 4:13-18; 1Co 15:51-54)

   As Escrituras descrevem a segunda vinda como uma vinda literal e visível na qual todos os olhos O verão. Não haverá um arrebatamento secreto.

9. Qual é o significado da expressão "como ladrão na noite"? (1Ts 5:2; 2Pe 3:10)

   Quando Ele retornar, Jesus pegará o mundo de surpresa.

10. Deus nos tem prometido uma nova Terra onde por fim estaremos livres de Satanás e o pecado. Quais as características que distinguem o reino de Deus, o que gozaremos pela eternidade? (Ap 21:4)

    Não haverá morte, choro, nem tristeza no céu. Não faz sentido imaginar que a nova Terra seria de outra maneira. Com Satanás, o pecado, e os pecadores completamente erradicados, finalmente seremos livres!

Lição 4

A Aliança da Arca

Existe um mal-entendido no mundo cristão em torno das alianças de Deus com Seu povo. Esta lição vai explorar a Bíblia com importante conhecimento sobre a nova aliança.

1. A arca dentro do santuário/tabernáculo/templo chamava-se "a arca da aliança". Este termo encontra-se várias vezes na Bíblia. A quem pertencia a arca? (Nm 10:33; Js 3:11)

    Foi a arca ao Senhor de toda a Terra.

> Note que quando "Senhor" está escrito com maiúsculas pequenas (Senhor), fica em lugar de "Jeová" ou "Yahweh" no hebreu original.

2. Em termos gerais, o que é uma aliança? (Gn 9:12-17)

    "Aliança" é um termo relacional. É um acordo entre duas ou mais partes, com termos declarados. O casamento é um pacto, assim como acordos de vendas, tratados entre partes em conflito, contratos de vários tipos, etc. Neste caso, Deus fez um acordo para salvar Seu povo.

3. O que chamamos a aliança de Deus com a humanidade? (Hb 13:20)
   O pacto eterno do amor de Deus.

4. Por que a arca foi chamada "a arca da aliança"? (Êx 34:28)
   Porque contém as palavras da aliança, a lei de Deus como está escrita nos Dez Mandamentos e o propiciatório.

5. Existem muitos convênios ou alianças na Bíblia, mas neste estudo nos concentraremos nas alianças que têm relação com nossa salvação. O que podemos aprender das seguintes alianças?

   a. A "antiga aliança" entre Deus e o homem (Gn 2:16, 17) – A aliança no Jardim do Éden era "obedecer e viver; desobedecer e morrer".

   b. A "nova aliança" depois que pecaram (Gn 3:15) – Após a queda, a "nova aliança" foi a promessa de um Salvador.

   c. Uma prova da antiga aliança (Êx 19: 4-8; 24: 3-7) – Quando os israelitas foram libertados do Egito, Deus os chamou para a obediência e uma vida de pureza ao segui-Lo. No entanto, não demorou muito para que eles quebrassem o convênio e se voltassem para um deus que eles pudessem ver (Êx 32:19).

   d. A nova aliança, consagrada na arca (Êx 25: 8-22) – Observe especialmente os versículos 16 e 21, que tratam da lei e do propiciatório.

6. Os dois princípios eternos do caráter e do reino de Deus são a justiça perfeita (baseada na lei) e a perfeita misericórdia. Quais são alguns dos principais eventos da história da Bíblia que rastreiam esses princípios coexistentes?

   a. Gn 3:7, 21 – Folhas de figueira versus peles de animais

   b. Gn 4:3-5 – Esforços do homem versus atos de fé

c. Gn 22:7-14 – A prova suprema de Abraão e o princípio de expiação substitutiva

d. Êx 29:38, 39; Lv 1:1-5 – O sistema de sacrifícios como parte dos serviços do santuário

e. e. Mt 27:46-51 – A morte de Jesus, o Cordeiro de Deus

7. Que termo belo pela aliança é usado na Bíblia para descrever o relacionamento cristão de uma pessoa com o Salvador?

a. Is 54:5 – Deus é nosso Criador e nosso Marido.

b. Ap 21:9, 10 – Nós somos a noiva de Cristo.

c. Ef 5:22-32 – O relacionamento do casamento é um símbolo de nossa união com Cristo.

8. Foram as pessoas do Antigo Testamento salvas de maneira diferente do que no Novo Testamento? (Is 55:6, 7; Sl 51)

Muitos lutam com o conceito de obras versus fé, lei versus graça, etc., mas permanece o fato de que não há outro caminho para ser salvo do que pela graça! Pessoas em ambos os lados da cruz tentaram a salvação por suas obras, sejam boas ações ou rituais religiosos, mas nossas obras nunca são boas ou suficientes! Só o sangue de Jesus pode salvar.

9. Quais são as distinções importantes entre os Dez Mandamentos e a lei cerimonial?

a. Os Dez Mandamentos (Êx 25:16, 21; 31:18; 40:20; Dt 9:10) – Os Dez Mandamentos foram escritos pelo próprio dedo de Deus em tábuas de pedra e colocados na arca.

b. A lei cerimonial (Dt 31:26) – A lei cerimonial foi escrita em pergaminhos e colocada ao lado da arca.

10. É a lei cerimonial ainda aplicável? (Hb 9:9-12; Cl 2:14; Ef 2:15; Hb 10:1)

    A "lei de Moisés" contém muitas ordenanças relativas à vida civil, casamento, saúde, etc., muitas das quais são atemporais e ainda valiosas, mas têm apenas um impacto indireto em nossa salvação. Aquelas leis referentes às cerimônias que prefiguravam a morte de Jesus deixaram de ter validade quando Cristo morreu.

11. A lei moral, os Dez Mandamentos, ainda é aplicável? (Sl 19:7; Is 42:21; Mt 5:18; Rm. 7:12; 3:31)

    Os princípios morais dos Dez Mandamentos estão em vigor. Eles são o próprio caráter de Deus expresso como leis. Sem eles, não teríamos nenhuma orientação em relação ao nosso comportamento humano. Aderir a eles, com a ajuda de Cristo, é o nosso objetivo. E quando falhamos, temos um Salvador que está pronto para nos perdoar e nos apontar na direção certa! Se fôssemos abolir esta lei, não teríamos necessidade de um Salvador, e nenhuma base para o julgamento final.

12. Quais princípios da nova aliança são importantes para nós hoje?

    a. Jr 31:31-34; Ez 36:26, 27 – Deus quer escrevê-la em nosso coração.

    b. Lc 22:20 – A Santa Ceia nos lembra a nova aliança cada vez que a observamos.

    c. Hb 8:1-6; Ap 11:15-19 – Jesus é agora o Mediador da nova aliança.

13. Como posso começar meu caminho com Cristo e entrar em um relacionamento de aliança com Ele? (At 16:31; Rm 10:9; Cl 2:12; Gl k3:27)

    Nós devemos crer em Deus e confessar nossos pecados para aceitar o Seu dom de salvação. Podemos, então, ser batizados como uma demonstração pública de nosso compromisso de morrer para si e viver para Deus.

Lição 5

O Ambiente da Arca

A arca da aliança era apenas uma das características do santuário. Esta lição enfoca os outros artigos de mobiliário e seu significado. Deus, que projetou o santuário em primeiro lugar, deu a cada item um significado profundo. O santuário, afinal de contas, não era uma igreja ou local de reunião como pensamos hoje, mas como foi mencionado na lição 2, o santuário era um auxílio visual divinamente designado, cujo propósito era retratar várias facetas de Seu caráter de amor e Seu plano para salvar a humanidade caída.

1. De onde veio o projeto para o primeiro santuário e tabernáculo? (Êx 25:1-9; 26:30)

    Deus deu um projeto detalhado a Moisés e Moisés dirigiu a construção. Nosso Deus "invisível" precisava de alguma visibilidade entre o povo para seu próprio benefício (Êx 29:42, 43). Muitas religiões tiveram seus templos e rituais falsos, e os israelitas não foram diferentes. Muitos tornaram o benefício de poder se encontrar com Deus em um foco nos rituais.

2. Você percebe algo único na visão geral de Paulo do tabernáculo em Hebreus 9:1-10? (veja também Êx 31:1-11; 30:6)

    Observe a palavra "simbólico" no versículo 9. Ela deveria ser temporária "até o tempo da reforma". Não apenas o santuário e seus móveis, mas todo serviço e ritual realizado ali era uma profecia de eventos futuros no plano de salvação.

3. Deus é um Deus de detalhes. Não havia um único elemento do santuário deixado para a imaginação dos trabalhadores. Quais são alguns dos recursos que você percebe em cada uma das áreas?

   a. O pátio (Êx 27:9-19) – Foi definido por todos os lados por belas cortinas em um quadro de entrelaçamento de latão e prata. Além disso, note que havia uma razão muito especial para a entrada do santuário estar sempre a leste. Era para que as pessoas entrassem de manhã de costas para o sol, exatamente o oposto dos templos pagãos onde a adoração ao sol era praticada.

   b. O próprio tabernáculo (Êx 26) – O próprio tabernáculo também era formado por lindas cortinas e peles de animais, tanto ao redor como acima, bem como emoldurando de madeira de acácia.

   c. O véu (Êx 26:31-35; 30:6) – O véu separava o Lugar Santo do Lugar Santíssimo, e tomavam um cuidado especial para bordá-lo com figuras de anjos.

   d. O altar de holocausto (Êx 27:1-8) – O altar do holocausto estava no pátio e era o local dos sacrifícios de animais que eram oferecidos.

   e. O lavatório (Êx 30:17-21) – O lavatório era um lugar de lavagem para os sacerdotes antes de entrarem no Lugar Santo.

f. A mesa dos pães da proposição (Êx 25:23-30) – Era uma mesa feita de madeira de acácia e revestida de ouro, na qual o pão ázimo especial era colocado todos os dias.

g. O candelabro de ouro (Êx 25:31-40) – Tinha sete velas, não nove como a menorá judaica atual.

h. O altar de incenso (Êx 30:1-10) – Embora o altar do incenso estivesse fisicamente no Lugar Santo, era considerado parte do Lugar Santíssimo (ver Hb. 9:3, 4).

i. A arca da aliança (Êx 25:10-22) – A lição da arca é que a justiça e a misericórdia são perfeitamente combinadas.

j. O vestuário do sacerdote (Êx 28:29, 30; Nm 4:6-10) – O sacerdote estava vestido como para representar o povo para Deus, e Deus para o povo.

4. Vamos agora "entrar" no santuário. Como as seguintes coisas apontaram para Jesus?

   a. O altar de holocausto (Jn 1:29; Hb 7:25-27; 9:12) – Jesus é o Cordeiro de Deus.

   b. O candelabro de ouro (Jn 8:12) – Jesus é a Luz do Mundo.

O Ambiente da Arca | 91

   c. A mesa dos pães da proposição (Jn 6:41-51) – Jesus é o Pão da Vida.

   d. O sacerdote (Hb 8:1, 2; 9:11, 12, 14) – Jesus é tanto o sacrifício como o sacerdote.

5. Dois tipos principais de sacrifícios foram oferecidos no santuário. Quais eram eles?

   a. Êx 29:38-46 – Os sacrifícios da manhã e da noite para a congregação como um todo.

   b. Lv 4:1-6 – O pecador individual poderia trazer um sacrifício.

6. Seis convocações sagradas especiais ou "festas" foram observadas durante todo o ano civil, três na primavera e três no outono. O que eles significaram?

   a. A Páscoa e Pão Ázimo (Lv 23:4-8; 1Co 5:7) – A morte de Cristo

   b. A Festa das Primícias (Lv 23::9-14; Mt 27:50-53) – A ressurreição de Cristo

   c. A Festa das Semanas / Pentecostes (Lv 23:15-22; At 2:1-4) – A vinda do Espírito Santo

   d. A Festa das Trombetas (Lv 23:23-25) – Preparação para o julgamento final

   e. O Dia da Expiação (Lv 23:26-32; 16:29, 30) – O dia de julgamento

   f. A Festa de Tabernáculos (Lv 23:33-44) – Nossa libertação final

7. Observe que o sábado semanal é mencionado separadamente em Levítico 23:3. Por que você acha que o sábado é destacado por si mesmo?

   O sábado é destacado porque o sábado dos Dez Mandamentos não fazia parte da lei cerimonial. O sábado foi dado *antes* do pecado.

8. Ao estudarmos o santuário, fica cada vez mais claro que Deus está tentando nos ensinar dois grandes princípios de salvação. Quais são os dois princípios?

   a. O plano de Deus para nos salvar como indivíduos.

   b. O plano de Deus para resgatar o planeta Terra e restaurar o Seu reino.

9. Como isso é retratado no esquema geral do santuário?

   a. O Lugar Santo e o serviço "diário" (Hb 9:6) – Todos os dias o sacerdote providenciava a expiação pelos indivíduos enquanto ele ministrava no Lugar Santo.

   b. O Lugar Santíssimo e o serviço "anual" (Hb 9:7) – Uma vez por ano, no Dia da Expiação, o sumo sacerdote oficiava em um drama que representava a disposição final do pecado e de Satanás. Estudaremos isso em detalhes na próxima lição.

10. Que importante lição pode ser aprendida do santuário, especialmente do candelabro de ouro? (Sl 119:105)

    Ore para que você sempre permita que a Palavra de Deus seja sua lâmpada, iluminando o caminho da sua vida, até que Jesus venha!

O Santuário Terrenal

"O santuário era e é de uma vez drama e profecia."

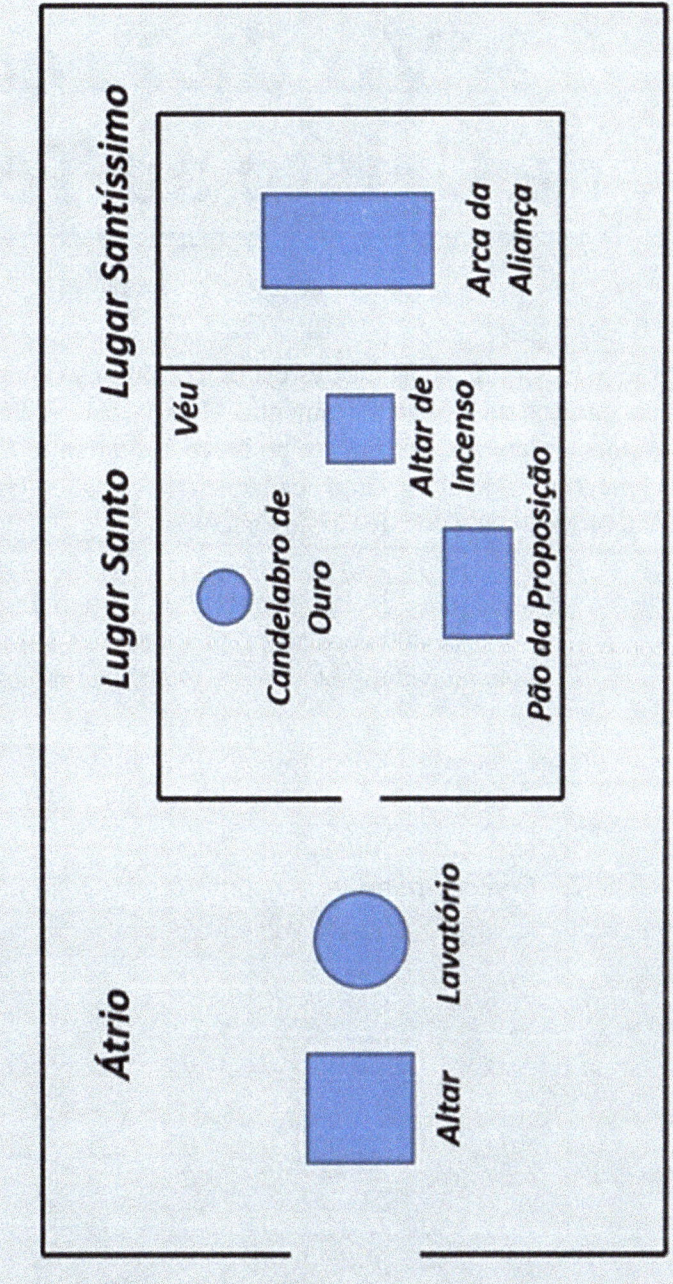

Lição 6

A Vinda Predita de Cristo ao Templo

Esperamos que você esteja descobrindo a riqueza do simbolismo no santuário do Antigo Testamento. Muitos cristãos ignoram essa parte e se concentram exclusivamente no Novo Testamento. Mas há tantos ensinamentos maravilhosos que negligenciamos quando fazemos isso, incluindo a previsão da vinda de Cristo ao templo.

1. Malaquias, o último profeta do Antigo Testamento, escrevendo cerca de 400 anos antes da época de Cristo, predisse a vinda de dois indivíduos ao templo. Quem eram eles? (Ml 3:1; Mt 3:1-3, 13-17)

    Os dois indivíduos eram João Batista e Jesus. Observe o modo de batismo em relação a João e a Jesus.

2. Como afirmou Jesus o ministério de João Batista? (Mt 11:7-11)

    Ele chamou João o maior dos profetas.

A Vinda Predita de Cristo ao Templo | 95

3. Que profecia de Malaquias Jesus ligou a João Batista? (Ml 4:5, 6; Jo 1:19-23; Mt 11:12-14; veja também Dt 18:15)

   Muitos estudiosos da Bíblia acreditam que Malaquias 4:5, 6 foi apenas cumprido parcialmente por causa das palavras "antes da vinda do grande e terrível dia do Senhor". Fica uma "mensagem de Elias" para os nossos dias.

4. Veio Jesus à Terra em um momento particular da história? (Gl 4:4, 5; Mc 1:14, 15)

   Absolutamente! Deus é um Deus de ordem e desígnio. Nada O pega de surpresa.

5. A Bíblia contém algumas profecias que estão ligadas a um tempo específico, e agora vamos olhar uma delas. Que precedente temos para interpretar o fator temporal de uma determinada maneira? (Ez 4:1-6)

   É bom lembrar aqui que a nação, por causa da guerra civil de séculos antes, havia se dividido em duas partes—Judá e Israel. Israel era o reino do Norte, e por causa de sua apostasia, Deus permitiu que eles fossem invadidos e destruídos pela Assíria em 722 aC. Judá foi sitiada pelos babilônios em 605 aC e seu povo enviado ao exílio (ver também Nm 14:34).

6. Este, então, é o princípio de "um dia por um ano", que pode ser aplicado com segurança a muitas profecias de tempo. Daniel foi um desses exilados, que se destacou nesse cenário e foi elevado à liderança no governo babilônico e, mais tarde, no governo sucessor da Pérsia. Qual é a seqüência de eventos descrita em Daniel 9?

   a. Dn 9:1, 2; Jr. 25:11, 12 – Daniel reconheceu os escritos inspirados de Jeremias, que ficaram para trás na Terra natal, que o cativeiro de 70 anos terminaria em breve.

b. Dn 9:3-19 – Ele jejuou e orou para que o Senhor cumprisse a Sua palavra.

c. Dn 9:20-23 – O anjo Gabriel veio consolá-lo e esclarecê-lo a respeito da "visão", referindo-se à visão de Daniel como registrada no capítulo 8. Estudaremos essa visão em nossa próxima lição.

7. Ao examinar o significado das palavras de Gabriel em Daniel 9, vemos uma profecia do tempo que previu com precisão a primeira vinda de Cristo. Se a nossa régua profética é verdadeira, que um dia profético é igual a um ano literal, quantos anos a profecia das 70 semanas significaria? E o que as frases "são determinadas" e "para o seu povo" significam? (Dn 9:24)

> O número total de anos foi de 490—o período probatório dos judeus. "São determinados" significa literalmente "são cortados". E a frase "para o seu povo" está se referindo aos judeus, que eram "o povo de Daniel".

8. O que eles deveriam realizar durante o período de 70 semanas? Eles tiveram sucesso? (Dn 9:24; Mt 23:37-39)

> Eles deveriam mudar suas vidas e aceitar Jesus como o Messias prometido. A linguagem usada aqui por Cristo era a língua de divórcio, que era bem conhecida pelos judeus.

9. Que evento assinalou o começo da profecia? (Dn 9:25)

> Em 457 aC, o rei Artaxerxes da Pérsia emitiu um decreto que restaurou os judeus em sua Terra natal e financiou a reconstrução de Jerusalém.

10. Temos uma cópia deste decreto que foi o catalisador para a profecia? (Ed 7:11-26)

    Sim. Houve outros decretos, mas este foi financiado pelo rei Artaxerxes.

11. Quando foi que o Messias, Jesus, deveria vir ao Seu templo? (Dn 9:26)

    Deve chegar após 69 semanas.

12. Que ia acontecer ao templo alguns anos após a morte de Cristo? (Mt 24:1, 2, 15-23)

    Seria destruído pelos Romanos.

13. Como foi que Cristo "confirmaria uma aliança por uma semana" com os judeus? (Mt 10:5, 6; At 13:42-46)

    Por sete anos, os judeus foram o alvo da mensagem do evangelho. Isso abrangia três anos e meio do ministério de Jesus, seguidos por três anos e meio do ministério dos apóstolos. Depois disso, embora os judeus ainda pudessem aceitar o dom da salvação de Cristo individualmente, os apóstolos concentraram seus esforços nos gentios.

14. O pacto de Deus com Israel era condicional ou incondicional? (Dt 28:1, 2, 15, 16)

    Condicional, sem dúvida.

15. Exatamente quando morreu Cristo no Calvário? (Dn 9:27)

    Ele morreu em 31 dC no meio da "semana" profética.

16. Que evento mostrou que os sacrifícios do templo foram abolidos, pelo menos aos olhos de Deus? (Mt 27:51)

    No momento em que Cristo morreu, o véu do templo foi rasgado em dois de cima para baixo.

17. Quem é o povo de Deus hoje? (Gl 6:15, 16; 3:27-29; Rm 9:6-8; 11:5, 13-17, 26)

   Seu povo se compõe de todos os que creem em Deus e guardam Seus mandamentos.

   Exemplos de profecia condicional:

   Éx 19:5-8; comparar com 1Pe 2:9,10

   Lv 18:28

   Mt 21:43; 23:37

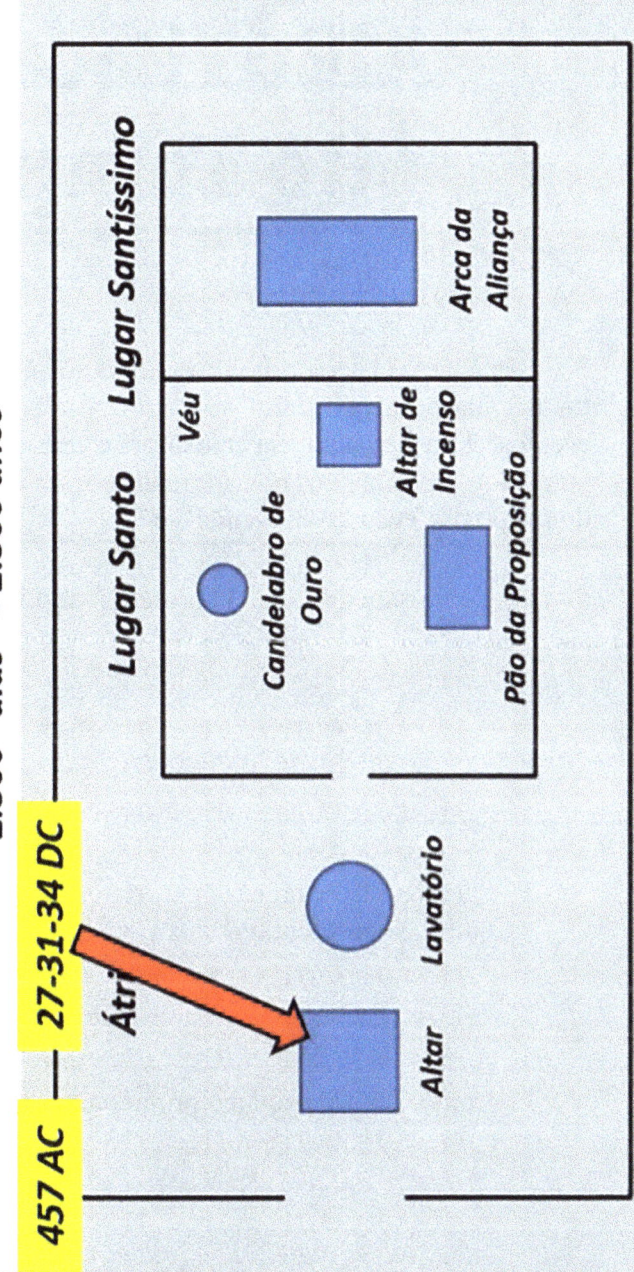

Lição 7

A Purificação do Templo

Não é incrível descobrir que o santuário não apenas retratou os eventos da vida e do ministério de Cristo, mas o próprio momento desses eventos? Esta é uma notícia animadora e algo que muitos cristãos sentem falta. Hoje continuamos nossa jornada para o estudo desta incrível linha do tempo profetizada em Daniel 8 e 9.

1. Como sabemos que as profecias de Daniel 8 e 9 estão ligadas? (Dn 8:27; 9:1-3, 20-23)

    Daniel 8 termina com Daniel perplexo e confuso. Então Gabriel vem para iluminá-lo no começo de Daniel 9. Além disso, o termo hebraico especial *mareh* (visão), que Gabriel usa, liga inextricavelmente os dois capítulos.

2. Que figuras estranhas aparecem em sua visão no capítulo 8 e o que elas representam? (Dan. 8:1-9)

    O carneiro representa Pérsia e o bode representa Grécia. O chifre pequeno representa Roma, em forma especial o papado.

3. Como o chifre pequeno profanou o santuário? (Dn 8:10-12)

    O papado fez afirmações arrogantes e blasfêmias e removeu o foco do santuário celestial por instituir a confissão e a missa.

4. Quanto tempo demoraria até que a verdade do santuário fosse restaurada? (Dn 8:13, 14)

    Ela seria restaurada em 2.300 dias proféticos, o que equivale a 2.300 anos literais.

5. Quando começou este período? (Dn 9:25)

    Começou em 457 aC. Em outras palavras, as 70 semanas determinadas para os judeus foram "cortadas" do começo dos 2.300 dias.

6. O termo "purificação do santuário" era bem compreendido pelos judeus para se referirem ao Dia da Expiação, que por sua vez significava o julgamento. Uma vez por ano, o espetáculo era reencenado em uma cerimônia que se concentrava no Lugar Santíssimo. O que essa cerimônia significava? (Lv 23:26-32; 16:29-33)

    Essa cerimônia significava a morte expiatória de Cristo (o bode do Senhor), o retrocesso do pecado na cabeça do agressor, Satanás (o bode expiatório ou Azazel) e seu banimento e morte.

7. As cerimônias do santuário são divididas em duas partes básicas: os serviços "diários" e os "anuais". O que foi representado pelos serviços diários? (Mc 15:33-39)

    A morte de Cristo pelos nossos pecados e Seu ministério celestial.

8. Então, se o serviço diário é profético, o que prevê o serviço anual? (Ap 20:11-15)

    O serviço anual previa o julgamento final e a disposição do pecado e de Satanás, a finalização do grande conflito, e a completa restauração da Terra e do universo.

9. Observe a profecia de Daniel sobre o julgamento. O que acontece antes de Cristo retornar à Terra? (Dn 7:9, 10; Ap 22:12)
   O julgamento deve ser concluído antes do retorno de Cristo, porque Ele está trazendo as recompensas consigo.

10. Que cerimônia solene do santuário retrata a graça salvadora de Deus? (Lv 16:7-10)
    O Dia da Expiação foi um retrato ativo do plano de redenção.

    a. Quem o bode do Senhor representa? – Jesus

    b. Quem o bode expiatório (Azazel) representa? – Satanás

    c. Quando morre o bode do Senhor? (Lv 16:8, 9; Jo 19:28-30) – Este bode representa Jesus, quem morreu na cruz por nossos pecados.

    d. Quando morre o bode expiatório? (Lv 16:10; Ap 20:7-10) – O bode expiatório foi banido para o deserto como um retrato de quando Satanás será deixado na Terra desolada durante o milênio, quando os santos estão no céu com Jesus. Satanás não morre até depois do milênio (veja também Ez 28:18, 19).

11. Alguns acreditam que ambos os bodes representam Cristo. Se ambos os bodes tivessem que ser perfeitos, como podemos dizer que Azazel representa Satanás? (Ez 28:12-15)
    Satanás costumava ser perfeito antes de se rebelar contra a lei de amor de Deus e escolher seu próprio caminho.

12. Em que sentido a "expiação" é usada em Levítico 16:15-22?

"Expiação" significa "resolver todas as coisas". As três fases distintas disso são retratadas aqui: (1) minha expiação pessoal ao relembrar o sacrifício de Cristo e pedir perdão; (2) minha exoneração pessoal no dia do julgamento; (3) a completa liberação do pecado e de Satanás e a restauração do universo de Deus. Nunca mais vai existir o pecado. Essa é uma ótima notícia, e isso é expiação em seu sentido mais pleno.

13. O que aconteceu em 1844, que faz com que seja um momento significativo na profecia bíblica? (Ap 10:8-11; Dn 12)

O "pequeno livro" profetizado em Apocalipse 10 foi, sem dúvida, o livro de Daniel. Sua mensagem a respeito da "purificação do santuário" foi considerada a segunda vinda de Cristo, e assim os primeiros crentes "docemente" esperavam que Ele retornasse em 1844. A "grande decepção" transformou suas esperanças em amargura até que eles entendessem a verdade do santuário. Mais informações sobre este evento encontram-se na lição 12.

> Seguindo o simbolismo do santuário à sua lógica conclusão, acreditamos que parte do julgamento começou em 1844. Nós o chamamos de "julgamento investigativo", porque Cristo está nos preparando para a Sua vinda. Há um sentido definido em que nós também devemos "afligir nossas almas" como os israelitas fizeram no Dia da Expiação, tomando a vida a sério e vivendo para Jesus.

14. Será que algum dia teremos que lidar com o pecado novamente? (Na 1:9)

Não. No final do milênio, Deus destruirá Satanás, o pecado, e os pecadores de uma vez por todas.

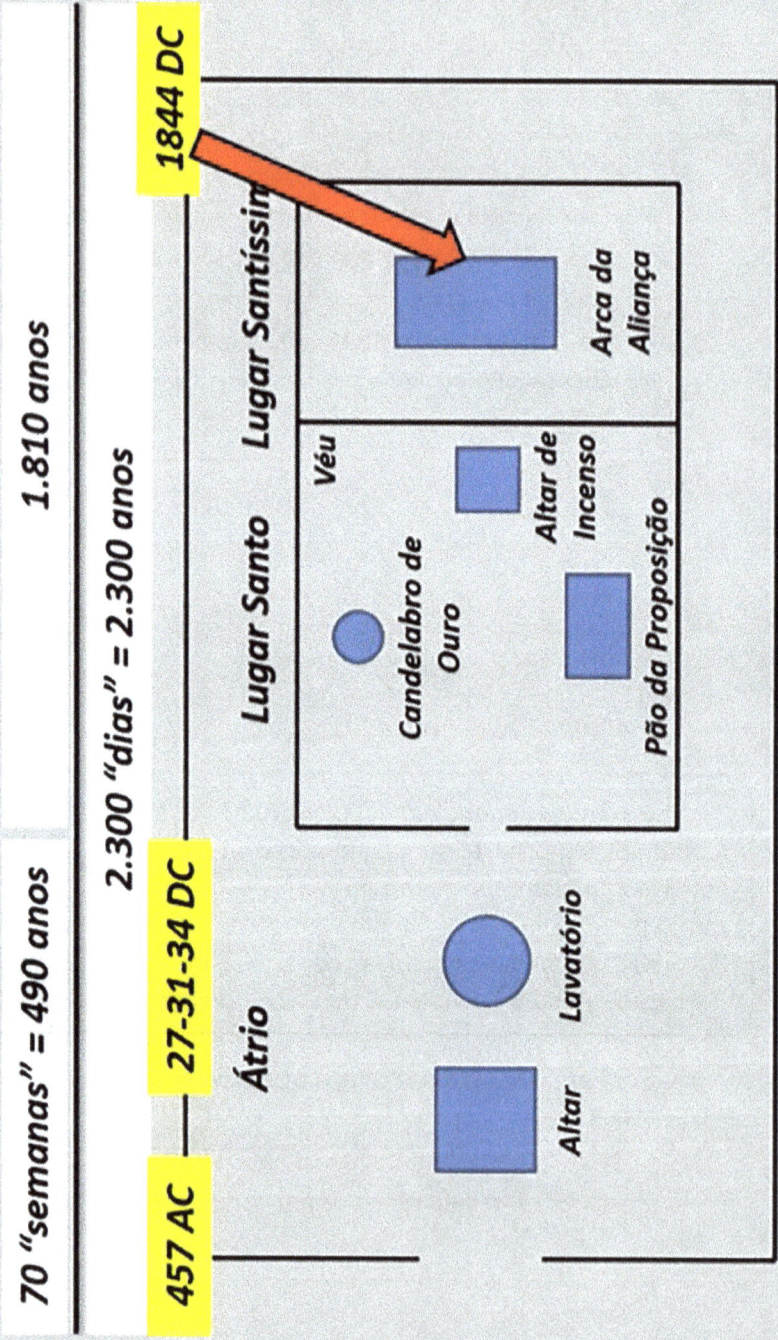

Lição 8

O Conteúdo da Arca

Na primeira lição, nos referimos brevemente ao conteúdo da arca da aliança, mas hoje vamos analisar seu significado mais profundo. Esta arca era o item mais sagrado do santuário, porque representava a própria presença de Deus.

1. Como foi construída a arca?

   a. Qual foi o seu tamanho? (Êx 25:10)   Aproximadamente 114 x 69 x 69 cm.

   b. Do que foi feito? (versículos 10, 11) – Madeira de acácia revestida de ouro por dentro e por fora

   c. Como foi transportado? (versículos 12-15) – Usando varas longas colocadas em anéis

   d. O que foi dentro da arca? (versículo 16) – Os Dez Mandamentos

   e. O que foi colocado no topo da arca? (versículos 17-21) – O propiciatório e os querubins

   f. Que atividade devia acontecer ante a arca? (versículo 22) – Deus se encontraria com Moises.

2. Quais outros itens seriam posteriormente adicionados à arca? (Hb 9:4; Êx 16:33, 34; Nm. 17:1-10)

   Um pote de maná e a vara de Arão foram posteriormente adicionados à arca.

3. O que os itens a seguir representam em relação a Deus e Seu caráter?

   a. Os Dez Mandamentos – santidade, pureza, justiça, lei

   b. O maná – providência, bondade

   c. A vara de Arão – autoridade

   d. O propiciatório – misericórdia, graça, perdão, amor

   e. Os querubins – adoração, reverência

4. Por que é importante para nós ter uma imagem verdadeira de Deus? (Is 14:12-15)

   Todo o foco da "grande controvérsia" está no caráter de Deus e se Ele é fiel à Sua palavra. Satanás não quer nada além de difamar o caráter de Deus e nos fazer acreditar em suas mentiras, que Deus é injusto e um Deus vingativo.

Todos nós ouvimos declarações como: "Se existe um Deus, Ele não permitiria…." Satanás se deleita muito com esses ataques ao caráter de Deus. A verdade é que Deus é o curador e libertador, e Satanás o destruidor e guerreiro.

5. Que explanação nos dá a declaração de Jesus aos discípulos sobre o cego e seu sofrimento? (Jo 9:1-5)

    Diz-nos que Deus não pune pelo pecado enviando doença ou calamidade. É verdade, no entanto, que às vezes nossos pecados têm consequências físicas e nos separam de Deus.

6. O que o apóstolo Paulo disse sobre sua luta contra a enfermidade e o papel que Satanás desempenhava? (2Co 12:7-10)

    Ele disse que foi Satanás quem causou sua aflição pessoal, não Deus. Ele passou a dizer que Deus às vezes usa essas aflições para nos ensinar importantes traços de caráter, como humildade, dependência, paciência, etc.

7. O que a história de Jó nos ensina sobre o envolvimento de Satanás nesta Terra? (Jó 1:6-12)

    A história de Jó nos ensina que seus problemas e provações foram causados diretamente por Satanás.

> Se Deus de repente acabar com toda a miséria, a pobreza, a doença, e a morte da Terra, não esperaríamos o céu. E se Deus curasse somente os cristãos, muitos se tornariam cristãos pela razão errada.

8. Voltando à arca, quais são os dois princípios básicos da salvação que ela nos ensina?

    a. Os Dez Mandamentos (Ap 14:12; 22:14; Mt 5:17, 18; Ro. 3:20, 31; 7:12) – Os mandamentos são dez princípios morais eternos ou leis que descrevem o caráter de justiça de Deus, uma justiça pelo qual somos obrigados, com a Sua ajuda, a viver.

    b. O propiciatório (Rm 3:23, 24; 5:1; Tg 2:10-12; 1Jo 1:9) – Isso significa a graça e o perdão de Deus. Ele nos dá poder sobre a penalidade do pecado e poder para viver vitoriosamente sobre o pecado.

9. Como Deus se apresentou a Moisés? Quais traços de caráter usou Deus para descrever a Si mesmo? (Êx 34:5, 6; Sl 85:10)

    Ele apareceu em uma coluna de nuvem e chamou a Si mesmo de "o Senhor". Ele descreveu a Si mesmo como misericordioso e gracioso, longânimo, abundante em bondade e verdade— uma união perfeita.

10. Que outra característica importante de Deus é destacada na Bíblia? (Sl 115:1-8)

    Seu poder de criar e a inutilidade de deuses falsos.

11. Existe alguma coisa na arca da aliança que aponta para Deus como nosso Criador? (Êx 20:8-11).

    O quarto mandamento, no coração dos dez, claramente descreve Deus como Criador e nos chama a adorar no dia que Ele separou, no princípio, como um reconhecimento de Sua autoridade como Criador do universo.

12. O que os seguintes textos nos ensinam sobre o dia de sábado?

    a. Gn 2:1-3 – Um ponto importante deste verso é que o sábado existia milhares de anos antes dos judeus serem uma nação.

    b. Mc 2:27, 28 – Jesus, nosso Criador, afirmou que Ele é o Senhor do sábado.

    c. Êx 16:23–29 – O sábado era conhecido pelos judeus antes que a lei fosse dada em Êxodo 20.

    d. Ne 13:15-22 – Neemias defendeu o sábado durante o retorno dos judeus.

    e. At 13:42–44; 16:13 – Paulo observava o sábado, mesmo entre os gentios.

    f.   Hb 4:8, 9 – O livro de Hebreus afirmou no final do primeiro século que o sábado ainda se mantinha.

    g.   Is 66:22, 23 – Nós guardaremos o sábado na Nova Terra!

13. Se guardar a lei não nos salva, de que adianta a lei, e precisamos segui-la? (Tg 1:22-25; Rm 3:20)

    A lei é como um espelho. Revela nosso pecado e nos leva à cruz para obter perdão. Sem a lei não teríamos como distinguir entre pecado e justiça.

"O registro precioso da lei foi colocado na arca do testamento e ainda está lá, escondido com segurança da família humana. Mas no tempo designado por Deus, Ele produzirá estas tábuas de pedra para ser um testemunho para todo o mundo contra a desconsideração de Seus mandamentos e contra a adoração idólatra de um falso sábado" (Ellen G. White, *Manuscript Releases*, vol. 8. p. 100).

Lição 9

Parábolas do Reino

As pessoas nos dias de Jesus, incluindo os seus próprios discípulos, tinham noções muito distorcidas em relação ao reino de Deus. Eles estavam procurando por um Messias que derrubaria os romanos opressivos e restauraria a nação à grandeza terrena. Nesta lição, exploraremos as parábolas que Jesus contou ao explicar pacientemente a verdadeira natureza de Seu reino e os eventos finais que o introduziriam.

1. O que as seguintes parábolas de Jesus nos ensinam sobre o *momento* do dia do julgamento?

    a. O trigo e o joio (Mt 13:24-30, 36-43)

    b. A rede (Mt 13:47-50)

    c. O julgamento final (Mt 25:31-34, 41)
    Todas estas parábolas apontam para o julgamento, que ocorre no fim do mundo quando Cristo retorna. Então, e somente então, ocorre a separação entre os justos e os ímpios. Portanto, é impossível que esta separação ocorra na hora da morte. Também nos dá uma visão da justiça de Deus, que a recompensa ou punição eterna é dada a todos ao mesmo tempo. Como alguém poderia ir para o céu ou para o inferno antes de serem julgados?

Parábolas do Reino | 111

2. O que podemos aprender, como forma de ajuda, das seguintes passagens das escrituras?

   a. Dn 7:9, 10 – Definitivamente há um dia de julgamento.

   b. At 24:15 – O julgamento ocorre na ressurreição. Note o versículo 25 e a reação de Félix.

   c. Mc 13:24-27 – Jesus claramente ensina que os justos não estão reunidos até a Sua vinda.

   d. Jo 5:28, 29 – A ressurreição ocorre em um determinado ponto no tempo, chamado de "hora".

   e. At 2:29-35 – Até o rei Davi está morto e enterrado no chão, aguardando a segunda vinda de Cristo e a ressurreição dos justos.

   f. 1Co 15:51-54; 1Ts 4:13-17 – Paulo retrata de forma enfática a ressurreição na segunda vinda.

3. Na lição 7, aprendemos que uma faceta do julgamento começou no ano de 1844. O que isso implica? (Dn 7:9, 10)
   Julgamento geralmente ocorre em fases distintas: (1) exame; (2) veredicto; (3) sentença; (4) execução. Portanto, acreditamos que a "fase de exame" começou em 1844. Nós a chamamos de "juízo investigativo". É uma parte muito importante da preparação para a vinda de Cristo.

4. Quando ocorre a fase de veredicto? (2Ts 2:8; Ap. 6:15-17)
   Essa fase ocorre na segunda vinda de Cristo.

5. Isso é tudo para os ímpios? Qual é a sequência de eventos descrita em Apocalipse 19 e 20?

   a. Ap 19:11-16 – Cristo retornará à Terra.

   b. Ap 19:17-21 – Os iníquos morrerão no brilho de Sua vinda.

c. Ap 20:1-3 – Satanás ficará preso por mil anos.

d. Ap 20:4–6; 1Co 6:2, 3 – Os salvos estarão envolvidos em uma forma de julgamento durante o milênio no céu.

e. Ap 20:7–14 – Os iníquos serão ressuscitados, sentenciados e destruídos juntamente com Satanás.

6. Todo o livro de Apocalipse é repleto em linguagem do santuário. O que você percebe nas seguintes passagens?

a. Ap 1:9-20 – O preâmbulo da profecia das sete igrejas

b. Ap 4 – O preâmbulo da profecia dos sete selos

c. Ap 8:1-6 – O preâmbulo da profecia das sete trombetas

d. Ap 11:1-3 – O preâmbulo da profecia das duas testemunhas

e. Ap 15:5-8 – O preâmbulo da profecia das sete pragas
Todas essas linhas de profecia começam no santuário celestial. Há menção dos candelabros de ouro, do trono de Deus, dos anjos, de um altar de incenso, do pátio, etc.

7. Que evento é descrito em Apocalipse 14:14-16?
A segunda vinda de Cristo é descrita nesta passagem.

8. Deus procura nos pegar de surpresa com a Sua vinda ou nos adverte? (Mt 24:25; Jn 3:1-4)
Deus sempre adverte seu povo sobre o julgamento iminente.

9. Como Deus adverte o mundo imediatamente antes da vinda de Cristo? (Ap 14:6-13)
Deus envia três anjos com três mensagens para avisar o Seu povo. Isto é o que os adventistas do sétimo dia chamam de "mensagens dos três anjos". Não há outra denominação que ensina isso!

Parábolas do Reino | 113

10. Examinamos agora as mensagens dos três anjos em algum detalhe. Quais são os componentes da mensagem do primeiro anjo? (Ap 14:6, 7)

   a. Voando no meio do céu – Esta é uma mensagem extremamente urgente e importante.

   b. O evangelho eterno – Refere-se ao evangelho completo, toda a história do começo ao fim.

   c. Para todas as nações – Esta é uma mensagem universal, que é para todos, em todos os lugares.

   d. Tema a Deus, dê-lhe glória – As mensagens são centradas em Cristo, não humanistas.

   e. A hora do julgamento – Agora é a hora de se preparar, não depois.

   f. Adore o Criador – Isso fala ao poder criador de Deus e prova Sua autoridade (Sl 115:1-8).

11. O que aprendemos sobre a mensagem do segundo anjo? (Ap 14:8; veja também Ap 17 e 18, especialmente 18:1-4)
    Nós lemos sobre a queda de "Babilônia", que representa aqueles que se opõem a Deus e a Seu povo.

12. O que proclama o terceiro anjo? (Ap 14:9-11)
    Ele proclama a marca da besta e a destruição dos ímpios. Deus sela o seu povo em Apocalipse 14:1 e marca os ímpios.

13. Em contraste direto com os iníquos da Babilônia, como os justos são descritos logo antes da vinda de Cristo? (Ap 14:12, 13)
    Os justos refletirão o caráter de Deus, uma união perfeita da lei e graça, obras e fé—exatamente como a arca da aliança!

Lição 10

Santidade ao Senhor

Quando o povo de Israel foi libertado de centenas de anos de escravização na Terra do Egito, em grande medida eles perderam a fé e tiveram que ser completamente reeducados nas coisas do Senhor e nos princípios básicos da vida. Exceções notáveis incluem os pais de Moisés e alguns israelitas fiéis, pois sabemos que Deus sempre preservou Sua verdade ao longo da história, mesmo que muitas vezes fosse encoberta. Uma vez que os israelitas montaram acampamento no deserto, não era mais possível que cada família praticar individualmente os rituais de sacrifício em casa, então o sistema do santuário foi introduzido. Esta lição se concentra no conceito de santidade.

1. Que sinal visível de santidade fazia parte das vestes do sacerdote? (Êx 28:36-38; 39:30, 31)

    As palavras "Santidade ao Senhor" foram inscritas em suas vestes.

2. O que significa ser "santo"? (1Pe 1:16; Mt 5:48)

    Ser santo significa ser separado, santificado, justo e perfeito. Em certo sentido, a santidade é uma meta inatingível para um ser humano; em outro, é totalmente alcançável quando, pela graça de Deus, somos perdoados.

3. Como Deus começou a revelar Seu plano de santidade ao povo através de Moisés? (Êx 3:1-5)

    Lembre-se, as pessoas não podem subir mais do que seu líder. A liderança santificada é fundamental.

4. Como Deus estabeleceu este ideal diante do povo como um todo? (Êx 19:3-6; 20:8)

   Eles deveriam ser um reino de sacerdotes. Eles deveriam ser um exemplo para as nações ao redor e trazer outras pessoas ao Senhor. Eles não deveriam se tornar um clube exclusivo. O sábado era para lembrá-los de sua necessidade de santidade, deixando de lado atividades pessoais por um dia a cada semana.

5. Que experiência na jornada a Canaã sublinhou a urgência do conceito de santidade? (Lv 10:1-10)

   Os filhos de Arão desconsideraram a santidade de sua posição. Deus teve que usar como exemplo o castigo em Nadabe e Abiú para mostrar às pessoas a seriedade da santidade (especialmente ver verso 10).

6. De que outra forma a santidade se refletia em seu estilo de vida? (Lv 11:44-47; At 10:9-16, 28)

   Estas palavras vêm no final de um capítulo inteiro sobre o assunto da saúde. Ao estudar as outras "leis de Moisés", você encontrará todos os tipos de áreas discutidas: saneamento dos campos, disposição dos mortos, como lidar com a lepra e outras doenças, etc. Em cada exemplo, a Bíblia usa os termos "limpo" e "imundo".

7. Deus nos desafia a alcançar a santidade em todas as áreas de nossas vidas, tais como:

   a. 1Co 3:16 – Nosso estilo de vida em geral

   b. 1Co 6:9-11 – Nossos instintos sexuais

   c. Lv 27:30; Ml 3:8-10 – Nosso dinheiro

8. O conceito de santidade é realizado em toda a Bíblia. O que podemos aprender sobre esse conceito no Antigo e no Novo Testamento? (Ez 22:26; 44:16-23; 1Pe 2:9; Ap 5:9, 10)

   Deus sempre mantém alto o padrão de santidade. Ele não faz isso para nos desencorajar, mas para nos fazer depender dele. Seu perfeito ideal para nós é para o nosso bem, para nos trazer paz, plenitude e verdadeira felicidade. Considere o que aconteceria se Ele não mantivesse Sua criação em alto padrão!

9. Que teologia medieval obliterou o "sacerdócio do crente" e se tornou um assunto na Reforma Protestante?

   Um sacerdócio institucionalizado, missa, indulgências pelo pecado, a veneração de Maria como nossa mediadora e confissão a um sacerdote. Observe igrejas centralizadas no altar versus igrejas centradas no púlpito.

10. O que aconteceu com o sacerdócio quando Cristo morreu? (Mt 27:51; Hb 8:1–6)

    Cristo se tornou nosso único Mediador, nosso Sumo Sacerdote, no santuário celestial.

11. Em que sentido servimos como "sacerdotes" hoje? (Jo 21:15-17; 1Pe 5:3-5)

    Mesmo que essas palavras tenham sido dirigidas aos anciãos, em um sentido muito real, todos podemos ser "pastores auxiliares", quando levamos pessoas para Cristo e praticamos orações de intercessão.

12. Que conceito pós-moderno obscureceu a distinção entre o sagrado e o profano?

    O relativismo varreu as linhas. A ideia de que "eu estou bem; você está bem" e que não há respostas certas ou erradas, destrói o ideal bíblico de santidade pessoal e nos joga diretamente nas mãos de Satanás. O verdadeiro cristianismo é definitivamente contra cultural.

13. Que perspectiva nos ajudará a dedicar nossas vidas completamente a Deus? (Hb 11:13; 1Pe 2:11)

    Lembrando que este mundo não é nosso lar; estamos só de passagem.

14. Tornar-se "santo" é claramente um conceito estranho para o mundo em geral. Como o Senhor nos aconselha a colocar a vida em perspectiva e colocá-Lo a Ele em primeiro lugar para que, pela associação com Ele, possamos nos tornar santos?

    a. 1Jo 2:15-17 – Não devemos amar o mundo e seus caminhos.

    b. 2Pe 3:10-13 – Nosso foco deve estar nas coisas celestiais, não naquelas coisas que logo se queimarão.

Vamos todos orar para que o Senhor faça Sua obra maravilhosa em nossas vidas e, assim, nos prepare para o Seu reino celestial! "A oração é ordenada pelo Céu como meio de alcançar êxito no conflito com o pecado e no desenvolvimento do caráter cristão. As influências divinas que vêm em resposta à oração da fé produzirão no coração do suplicante tudo o que ele pleiteia. Podemos pedir o perdão do pecado, o Espírito Santo, a natureza cristã, sabedoria e fortaleza para Sua obra, todos os dons, enfim, que Ele prometeu, e a promessa é: 'Recebereis'".—Ellen G. White, *Atos dos Apóstolos*, p. 315.

Lição 11

Mediação Celestial

Especialmente no mundo de hoje, o homem é considerado independente e autosuficiente. "Liberdade" para muitos é interpretada como significando que moralmente não respondemos a ninguém, que somos autônomos. Intimamente relacionada com isso é a ideia de relativismo—o que eu acredito pode diferir do que você acredita, e nós dois estamos certos! A "verdade" é boa para o matemático, o físico, o químico, etc., mas a verdade comportamental não existe e é condicionada pela nossa cultura e educação. Os tristes resultados dessas filosofias abundam ao nosso redor.

1. Na parábola da ovelha perdida, a ovelha perdida estava "livre"? (Lc 15:3-7)

    Ela estava fora do aprisco e poderia vagar em qualquer lugar que quisesse, mas estava indo em direção ao desastre e nem sabia disso.

2. Qual foi a missão de Jesus enquanto estava na Terra? (Lc 19:10)

    Ele veio para salvar os perdidos. Nós somos as ovelhas perdidas. Sem Jesus estamos irremediavelmente confusos e perdidos.

3. A mediação de Jesus começou enquanto na Terra. Para quem Ele intercedeu? (Jo 17:6-21)

    Ele orou por seus discípulos e por nós!

4. Qual é a única maneira de ser verdadeiramente livre? (Jo 17:17; 14:6; 8:30-36)

    Os judeus sentiam que eram livres, mas não eram. Nós não podemos confiar em nossos sentimentos! Precisamos da Bíblia e de um relacionamento com o Salvador para nos manter no caminho certo.

5. O que o santuário nos ensina sobre Jesus, nosso Salvador e Mediador?

    a. Hb 9:12 – Jesus morreu por nós; Ele era o Cordeiro sacrificial.

    b. Hb 8:1, 2, 6 – Jesus vive para nós; Ele é nosso Mediador.

    c. Hb 9:28 – Jesus retornará à Terra para nos levar para o céu. Observe que Ele retornará para "aqueles que aguardam ansiosamente por Ele".

6. O que qualifica Cristo para ser nosso Mediador? (Hb 4:15, 16; 5:8, 9)
    Ele viveu uma vida perfeita neste mundo doentio de pecado, e sabe por experiência própria como é ser humano e ser tentado, mas confiar inteiramente em Deus e não cair em pecado.

7. O que as escrituras nos ensinam sobre a mediação de Cristo?

    a. 1 Tim. 2:5, 6 – Há apenas um mediador—Jesus.

    b. Hb 8:6; 9:15 – Ele é o Mediador da nova aliança, um acordo relacional que Deus nos oferece, pelo qual podemos receber a salvação.

    c. Jo 14:1-6 – Jesus é "o caminho, a verdade e a vida". Viemos a Deus por meio dele. É por isso que oramos "em nome de Jesus". Veja também Atos 2:38; 3:6; 16:18.

> É importante notar que alguns sistemas teológicos apontam para outros "mediadores", como os sacerdotes, Maria, etc. Essas idéias errôneas surgiram durante a grande apostasia do cristianismo após o tempo dos apóstolos.

8. Se Jesus está mediando por nós no santuário celestial, quem está aqui na Terra nos ajudando? (Jo 16:7)
    O Espírito Santo; o Consolador que Jesus prometeu que Ele enviaria após Sua ressurreição e ascensão.

9. Qual é a obra do Espírito Santo? (Jo 16:8-13)

    A obra do Espírito Santo é de nos convencer do pecado, da justiça e do julgamento, e nos conduzir a toda a verdade.

10. O que nos qualifica para nos beneficiarmos da obra do Espírito Santo? (Jo 14:15-17; Hb 10:14)

    O desobediente pode ouvir a voz do Espírito chamando-o ao arrependimento, mas somente os obedientes desfrutam de um relacionamento pleno com Ele. Por favor, note que esta não é uma obediência legalista, mas uma que brota do coração, um processo contínuo de santificação que nos leva à perfeição.

11. Como podemos encontrar essa verdade? (Jo 18:36-38)

    Encontramos a verdade somente através de Jesus e da Sua palavra. Devemos entregar nossos conceitos pessoais de "liberdade" e encontrar nEle a única liberdade verdadeira—um relacionamento pleno com Jesus e Sua palavra.

12. Qual é o papel do Espírito Santo quando oramos? (Rm 8:26, 27)

    Aqui o Espírito Santo é também referido como Intercessor.

13. Como o Espírito Santo nos capacita a servir os outros? (1Co 12:1, 7-11)

    Ele nos dá dons espirituais.

14. Como Cristo e o Espírito Santo abrem as portas do céu para nós agora mesmo? (Ef 3:12; Hb 4:16)

    Através de oração, temos acesso à própria sala do trono de Deus!

15. Todas as verdades que estudamos neste curso emanam do santuário. Como os salmistas expressaram sua alegria em relação à casa de Deus? (Sl 77:13; 122:1)

    Eles tiveram grande prazer em entrar na casa de Deus.

16. O que aconteceu nos dias do rei Josias quando as Escrituras foram redescobertas? (2Rs 22:8-13)

Houve um grande reavivamento e reforma.

17. Quando Hulda, a profetisa, foi consultada, o que ela disse, especialmente para o jovem rei? (2Rs 22:15-20)

O sincero arrependimento de Josias foi aceito e as calamidades foram adiadas até depois de seu dia.

Que possamos humilhar nossos corações para receber a Palavra de Deus e entregar nossas vidas a Jesus!

Lição 12

A Arca da Segurança

Começamos nossa lição final com esta citação de *O Grande Conflito*: "O assunto do santuário foi a chave que desvendou o mistério do desapontamento de 1844. *Revelou um conjunto completo de verdades, ligadas harmoniosamente entre si* e mostrando que a mão de Deus dirigira o grande movimento do advento e apontara novos deveres ao trazer a lume a posição e obra de Seu povo." (Ellen G. White, p. 423, ênfase nossa). Poderíamos discutir a busca pela arca da aliança terrena, mas isso apenas satisfaria uma curiosidade de resolver o mistério de sua localização. Nesta lição final, dedicaremos nosso tempo ao estudo da arca celestial, que foi obscurecida por várias camadas da falsa teologia através dos séculos. Satanás conseguiu, em grande medida, direcionar o foco da humanidade para longe de Cristo e para um visível "reino" na Terra, para criar uma dependência em um sistema de igreja, em vez de no ministério de nosso Sumo Sacerdote celestial.

1. Que sistema terrestre prevaleceu durante a Idade das Trevas, e que meios usou para chamar atenção para si mesmo e para longe de Cristo? (Dn 8:9; Ap 13:6)

    O chifre pequeno prevaleceu. Ele usurpou o poder de Cristo, nosso Mediador no céu, instituindo um sistema de mediação falsa na Terra que opera uma igreja visível com seus sacerdotes e "santos" (ver. Dn 8:11, 12).

2. Quais são as principais características que nos ajudam a identificar esse poder? (Dn 8:9-13; Ap 13:1-8)

    As principais características são (1) os fatores de geografia e história, (2) a sua auto exaltação contra o Príncipe do exército (Jesus), (3) o fato de tirar os sacrifícios diários e derrubar o lugar do santuário, e (4) que lançava a verdade no chão.

A Arca da Segurança | 123

3. Quando esse falso sistema seria desmascarado? (Dn 8:14; Hb 9:23)

O falso sistema foi desmascarado no renascimento de 1844.

"Este período profético chegou ao fim em 22 de outubro de 1844. Para os que esperavam encontrar o Senhor nesse dia, o desapontamento foi grande. Hirão Edson, um criterioso estudioso da Bíblia na parte média do Estado de Nova Iorque, descreve o que aconteceu entre o grupo de crentes de que ele era parte:

"'Nossas expectações haviam-se elevado alto, e assim aguardávamos a vinda de nosso Senhor, até que o relógio soou as doze horas da meia-noite. O dia havia-se passado então, e nosso desapontamento havia-se tornado uma certeza. Nossas mais fundas esperanças e expectações foram derruídas, e sobre nós veio tal espírito de pranto como jamais havíamos experimentado antes. Parecia que a perda de todos os amigos terrestres não podia ter comparação. Choramos e choramos, até que o dia raiou....

"'Ponderando em meu coração, eu disse a mim mesmo: "Minha experiência do advento tem sido a mais bela de toda a minha experiência cristã. ... Falhou a Bíblia? Não há Deus, nem Céu, nem cidade dourada e nem Paraíso? Não passa tudo isto de uma fábula habilidosamente engendrada? Não são reais nossas mais fundas esperanças e expectações?"...

"'Eu comecei a sentir que devia haver luz e auxílio para nós nesta hora de agonia. Eu disse a alguns dos irmãos: "Vamos para o celeiro". Entramos no celeiro, fechamos a porta, e dobramo-nos perante o Senhor. Oramos ferventemente, pois sentíamos nossa necessidade. Prosseguimos em fervorosa oração até que nos fosse dado o testemunho do Espírito de que nossas orações eram aceitas, e luz ser-nos-ia concedida—nosso desapontamento explicado e satisfatoriamente esclarecido.

"'Depois do desjejum eu disse a um de meus irmãos: "Vamos sair e encorajar a alguns de nossos irmãos". Saímos, e enquanto caminhávamos através de um grande campo, fui obstado aproximadamente na metade do campo. O Céu parecia abrir-se ante meus olhos, e eu vi clara e distintamente que em vez de nosso Sumo Sacerdote haver saído do lugar santíssimo do santuário celestial para a Terra no décimo dia do sétimo mês, ao final dos 2300 dias, Ele, pela primeira

> vez, entrava nesse dia no segundo compartimento daquele santuário, e que Ele tinha um trabalho a realizar no lugar santíssimo antes de vir à Terra; que Ele veio para as bodas, ou em outras palavras, ao Ancião de Dias, a fim de receber o reino, e o domínio e a glória; e que devíamos esperar Seu retorno das bodas. E minha mente foi dirigida para o décimo capítulo de Apocalipse, onde pude ver que a visão havia falado e não havia mentido.'" — Manuscrito inédito, publicado em parte na *The Review and Herald*, 23 de junho de 1921. (Ellen G. White, *Cristo em Seu Santuário*, p. 8)

4. Quem é o príncipe do exército? (Js 5:13-15; Dn 9:25; 10:21; 12:1)
   Jesus é o Príncipe do exército, o mesmo que Satanás odeia e cujo ministério ele tentou obscurecer.

5. De que maneiras específicas a teologia do chifre pequeno conseguiu substituir o ministério de Jesus?

   a. Um sacerdócio errado (Ap 1:6; 1Pe 2:9) – Somos os sacerdotes e Jesus é o Sumo Sacerdote. Podemos interceder pelos outros através da oração. O sacerdócio terreno foi abolido para sempre quando o véu do templo foi rasgado em dois.

   b. Um falso sistema de mediação (Hb 8:1-6) – Não devemos orar a pessoas mortas como Maria, São Judas, etc., nem devemos confessar nossos pecados a um sacerdote.

   c. Um falso sistema religioso com suas armadilhas místicas, como queimar incenso, estátuas e ícones, uma capela centrada em um altar e água benta, relíquias e outras coisas não-bíblicas. – A missa é uma distorção total do serviço de comunhão. Essas e muitas outras tradições ainda permanecem em igrejas católicas, ortodoxas e evangélicas. Em resumo, não devemos considerar a igreja como nossa salvadora.

A Arca da Segurança | 125

> Hebreus 9:24 revela que o santuário terrestre e seus móveis eram apenas "cópias da verdade". Portanto, a verdadeira "arca perdida" foi redescoberta em 1844, em um milharal, por um dedicado leigo! Esta arca, o santuário celestial e o ministério celestial de Jesus vieram à luz e resultaram em um novo movimento cristão conhecido como a Igreja Adventista do Sétimo Dia. Quais são os "segredos e mistérios" desta "arca perdida"? Eles são apenas segredos e mistérios porque a maioria das pessoas nunca estuda o santuário, e assim a arca se perdeu. Note: A Igreja Adventista do Sétimo Dia mantém muitos dos seus ensinamentos em comum com outras denominações, mas é a única que ensina a mensagem do santuário!

6. Então, em revisão, e de acordo com o que descobrimos através desta série de lições, quais são alguns dos principais ensinamentos bíblicos dados a nós na mensagem do santuário—as "joias da verdade" que devem ser colocadas "no escrínio [moldura] do evangelho". (Ellen G. White, *Obreiros Evangélicos*, p. 289)?

   a. Hb 9:11, 12 – Salvação pelo sangue de Cristo e Sua mediação

   b. Is 14:12-14 – O tema da "grande controvérsia" e o caráter de Deus

   c. 1Ts 4:16-18 – A segunda vinda de Cristo e o estado dos mortos

   d. Dn 8:14; Ap 14:6, 7 – Profecia do tempo do fim, incluindo a mensagem do julgamento

   e. Jo 14:15, 16; Rm 6:23 – A aliança do amor de Deus, expressa nos Dez Mandamentos (lei), mas equilibrada pelo propiciatório (graça) e o sétimo dia, o sábado

> "No lugar santíssimo vi uma arca, cujo alto e lados eram do mais puro ouro. Em cada extremidade da arca havia um querubim com suas asas estendidas sobre ela. Tinham os rostos voltados um para o outro, e olhavam para baixo. Entre os anjos estava um incensário de ouro. Sobre a arca, onde estavam os anjos, havia o brilho de excelente glória, como se fora a glória do trono da habitação de Deus. Jesus estava junto à arca, e ao subirem a Ele as orações dos santos, a fumaça do incenso subia, e Ele oferecia suas orações ao Pai com o fumo do incenso. Na arca estava a urna de ouro contendo o maná, a vara de Arão que florescera e as tábuas de pedra que se fechavam como um livro. Jesus abriu-as, e eu vi os Dez Mandamentos nelas escritos com o dedo de Deus. Numa das tábuas havia quatro mandamentos e na outra seis. Os quatro da primeira tábua eram mais brilhantes que os seis da outra. Mas o quarto, o mandamento do sábado, brilhava mais que os outros; pois o sábado foi separado para ser guardado em honra do santo nome de Deus. O santo sábado tinha aparência gloriosa—um halo de glória o circundava. Vi que o mandamento do sábado não fora pregado na cruz. Se tivesse sido, os outros nove mandamentos também o teriam, e estaríamos na liberdade de transgredi-los a todos, bem como o quarto mandamento. Vi que Deus não havia mudado o sábado, pois Ele jamais muda". Ellen G. White, *Primeiros Escritos*, p. 32)

7. Dado que tem havido muita distorção ao longo dos séculos, é a "igreja" realmente uma necessidade na vida do crente? Deus está de alguma forma na igreja? (Mt 16:16-19; 1Pe 2:6-10; Hb. 12:22, 23)

    Sim! A igreja foi estabelecida pelo próprio Jesus, e Ele escolheu doze discípulos como seus primeiros membros, representando as doze tribos de Israel e unindo o Antigo e o Novo Testamentos. A igreja é o novo "Israel". A existência de falsos corpos religiosos não deve nos desencorajar de se tornar parte da igreja de Deus.

8. Que indicação temos que nos diz que Jesus ama a igreja? (Ef 5:25-27; Ap 1:12-20)

    Ele morreu por cada pessoa que compõe o corpo de Cristo, e Ele cuida disso ainda hoje.

9. Como foi a organização da igreja primitiva, que serve como nosso padrão hoje? (At 6:1-7; 14:23; 15:1-3)
   Conforme surgiram necessidades, os líderes da igreja (diáconos e anciãos) foram designados para ministrar aos outros. Se houvesse uma questão teológica, reuniões de conselho eram convocadas e delegados eram designados para tratar do assunto e chegar a um consenso bíblico.

10. Como os membros foram adicionados à igreja? (At 2:41-47)
    A igreja cresceu através do batismo de novos membros.

11. Havia apenas oito pessoas salvas na arca de Noé. O que Pedro diz que é o antítipo que agora nos salva? (1Pe 3:18-22)
    Segundo Pedro, o antítipo é o batismo. Hoje quando alguém é batizado, eles também se juntam à igreja. Naturalmente, não é a igreja em si que nos salva, mas a mensagem dessa igreja.

Nossos primeiros crentes usavam frequentemente o termo "arca da segurança" para se referir à igreja. Esta, então, é a quinta arca da Bíblia! No dia de Noé, as pessoas que o ouviam tinham a opção de entrar no barco ou não. Não é diferente hoje. Todas as quatro arcas que identificamos na primeira lição foram e são "arcas de segurança". A seguinte citação nos fornece uma visão sobre a arca da segurança e nosso papel em compartilhar essa mensagem com outras pessoas.

"Há trabalho a ser feito em favor de nossos vizinhos e por aqueles com quem nos associamos. Não temos liberdade para interromper nossos pacientes e piedosos esforços pelas pessoas, enquanto elas estiverem fora da arca da salvação. Não há trégua nessa guerra. Somos soldados de Cristo e estamos sob obrigação de vigiar, receando que o inimigo obtenha vantagem e retenha a seu serviço alguns que podemos conquistar para Cristo". (Ellen G. White, *Testemunhos para a Igreja*, vol. 5, p. 279)

Bibliografia

A Bíblia Sagrada, Sociedade Bíblica do Brasil, Barueri, SP, Brasil, 1993.

A seguir, todas as referências foram providenciadas no website www.egwwritings.org, favor de Ellen G. White Estate, 2012:

White, Ellen G. *Atos dos Apóstolos.*

———. *Cristo em Seu Santuário.*

———. *Manuscript Releases*, Vol. 8.

———. *O Desejado de Todas as Nações.*

———. *O Grande Conflito.*

———. *Obreiros Evangélicos*

———. *Patriarcas e Profetas.*

———. *Primeiros Escritos*

———. *Profetas e Reis.*

———. *Testemunhos para a Igreja,* Vol. 5.

TEACH Services, Inc.
P U B L I S H I N G

We invite you to view the complete
selection of titles we publish at:
www.TEACHServices.com

We encourage you to write us
with your thoughts about this,
or any other book we publish at:
info@TEACHServices.com

TEACH Services' titles may be purchased in
bulk quantities for educational, fund-raising,
business, or promotional use.
bulksales@TEACHServices.com

Finally, if you are interested in seeing
your own book in print, please contact us at:
publishing@TEACHServices.com

We are happy to review your manuscript at no charge.

www.ingramcontent.com/pod-product-compliance
Lightning Source LLC
Chambersburg PA
CBHW062012180426
43199CB00034B/2525